3~6岁孩子的
正面管教

杨颖 编著

四川美术出版社

图书在版编目（CIP）数据

3～6岁孩子的正面管教／杨颖编著. —成都：四川美术出版社，2021.4

ISBN 978－7－5410－8877－3

Ⅰ.①3… Ⅱ.①杨… Ⅲ.①学前儿童－家庭教育 Ⅳ.①G781

中国版本图书馆 CIP 数据核字（2019）第 213552 号

3～6岁孩子的正面管教
3～6 SUI HAIZI DE ZHENGMIAN GUANJIAO

杨颖　编著

责任编辑	刘珍宇　田倩宇
责任校对	周　昀　陈晓菲　佘雅容
排版设计	松　雪
出版发行	四川美术出版社有限公司
	（成都市锦江区金石路 239 号　邮政编码：610023）
印　　刷	三河市众誉天成印务有限公司
成品尺寸	208mm×143mm
印　　张	6
字　　数	136 千字
图 幅 数	43
版　　次	2021 年 4 月第 1 版
印　　次	2021 年 4 月第 1 次印刷
书　　号	ISBN 978－7－5410－8877－3
定　　价	36.00 元

企业官方微信公众号

前　言

随着早教之风的盛行，几乎所有新生儿的父母都开始意识到 0～3 岁这个阶段是孩子生命成长中不可错过的阶段，但是到了孩子 3 岁进入幼儿园，我们的父母似乎长嘘一口气，觉得接下来可以把管教孩子的重担转移给老师了。

殊不知，孩子的教育是一门长久的功课，"十年树木，百年树人"，作为父母千万不要误认为教育只是阶段性的工作，孩子不同的成长阶段都会面临不同的问题。

3～6 岁是孩子未来人格形成的重要基础阶段，如果说 0～3 岁还是属于生命的胚胎阶段，那么 3～6 岁已经开始具有生命的雏形，在这个雏形阶段，孩子如何完成对所生活世界的探索，吸收怎样的生活经验，都会帮助他们认识和判断这个世界。如果说 0～6 岁如同房子的地基部分，那么 3～6 岁这个阶段就是地基最接近地面的部分，未来房子的构建都是按照这个框架展开的。

3～6 岁这个阶段，父母应该如何管教孩子呢？回答这个问题前，还是要先了解 3～6 岁这个阶段的性格特点，要为孩子准备适合他们性格的教育。

3～6 岁是孩子个性修正的"黄金"三年，这一阶段了解宝贝不乖的真相，明白孩子的心理特征，知晓孩子的性格类型，才能拉近亲子关系，找对教育方向。换言之，只有我们懂孩子，了解其性格，才能爱得更有章法。

本书从西方九型人格的理论入手，结合中国家庭的现实情况，为父母如何洞察孩子的性格，如何根据孩子的性格来进行正面管教提供了一整套有效的方案。

2021 年 2 月

目 录

第一章

3～6岁，孩子性格养成黄金期

让孩子拥有健康的性格

有这样一句话，性格决定命运。 性格往往能决定一个人能否获得成功，能否获得幸福。 美国曾经有一项研究证明这点：从 25 万儿童中选择 1500 名智力较好的儿童，跟踪调查他们的成长，过了 30 年，这些孩子中有一部分很有成就，也有人沦为乞丐。

当今的社会被"性格决定命运""性格决定成败"等观念充斥着，这是家长很关注的问题：人一生的性格形成于哪个年龄阶段？ 为什么人的性格不一？ 性格又是怎么形成的呢？心理学家们每天都在孜孜不倦地研究着这些关于人自身的问题。 其实，我们每天唠叨的"性格"，就是心理学中所讲的人格，即人对周围事物表达出来的自己的态度。

有一个美国心理学家把人格的发展分为八个阶段，孩子逐步成长的阶段是前五个阶段，是父母培养孩子健康性格的最佳阶段。

1. 第一阶段：婴儿期（0~1 岁）

柔弱是这一阶段孩子的最大特点，他们对成人依赖最大，需要成人无微不至的照顾。假如父母能够爱抚婴儿，并且规律地照料婴儿，使他们的基本生理需要得到满足，婴儿就会产生一种信任感，安全感也会因为生理需要得到满足油然而生；相反，父母假如没有满足婴儿的基本需要，或者没有一直满足，不信任感就会在婴儿和他们周围的人之间滋生，不安全感也会因此产生。假如这一阶段能积极地将危机解决，孩子就能拥有"希望"这一品质，长大后的人格特征就会更倾向于积极向上；相反的话，孩子的恐惧感会油然而生，慢慢形成悲观、消极的性格。

婴儿只有在这一阶段获得信任感，才能形成健康的人格，作为以后各个阶段人格发展的起点。所以在抚养孩子的过程中，父母对孩子的生理需要应适当地满足，过分满足和过分剥夺都是不可取的。同时，在满足程度和方式上要尽可能保持一致性、不变性，不要任意变化，若要变化则要遵循循序渐进的原则，不要超越婴儿适应的范围。

2. 第二阶段：幼儿期（2～3岁）

儿童在这个阶段将基本学会走动、推拉、说话等活动，也将学会把握和放开，他们渐渐能控制自己的身体，但也会因此产生儿童自己意愿和父母意愿冲突的危机。假如父母能适当限制孩子的行为，多给孩子一定的自由，自主性和自我控制的意识将会在孩子脑中形成；相反，孩子会感到羞怯，并对自己的能力产生疑虑，这些都源于父母对孩子过多的责罚。

假如能够克服这一时期的危机，意志这一品质将会在孩子身上形成，他们长大成年后也就倾向于坚强、自立、自制、自律等；反之，羞怯、意志薄弱、依附、随意、敷衍等消极的特征将会在孩子身上出现。 如果太纵容孩子，孩子还会形成不良的生活习惯；如果管得太严，孩子则会出现强迫性特点，例如：洁癖、吝啬等。

自我意识、自我调控能力、适应社会化要求的能力增强，有赖于儿童自主性和自控性的形成，这将严重影响到个人未来对社会和个人理想之间关系的态度和处理方法。 因此，父母要理智地管理孩子的情感，要给孩子足够的自由，同时为避免不良行为的发生而进行科学的训练。

3. 第三阶段：学前期（4～6 岁）

身体活动更为灵巧，语言更为精练，口语表达能力增强是这个阶段的儿童的主要特征。 更加关键的是，孩子在这个阶段想象力极为生动丰富，而且已开始了创造性的思维，开始了对未来事情的规划，表象性思维更是发展快速。

所以，童话故事、拟人化的游戏及活动是这个阶段的孩子所喜爱的，而且他们更容易按照自己的想法去解释世间现象。如果孩子的主动行为和想象力能得到父母的肯定，孩子就能够得到积极的自主性，想象力和创造性会被他们发挥得淋漓尽致；假如孩子主动积极的行为经常被父母控制着，孩子不切实际的幻想遭到讥笑，孩子就会丢掉主动性并且对自己的能力产生怀疑，开始手足无措起来。

如能积极解决这一阶段的危机，"方向和目的"的品质将会在孩子身上形成，自动自发、计划性、目的性、果断等积极的人格特质会出现在孩子成年后；反之，人格特质的消极方面也会在孩子成年后显现，例如：安于现状、不会计划、犹豫不决等一些消极的性格。

有一位心理学家认为，本阶段主动性发展的程度将决定一个人未来所取得的所有成就。所以，孩子的主动性和想象力的充分发挥需要得到父母的鼓励和肯定。适合此时期儿童性格发展的最好形式是游戏。

玩游戏能让孩子的各种器官得到发展，而且能有效地增强孩子的认知和社交能力；另外，游戏的重要作用还表现在帮助孩子学会表达和控制情绪上，有利于培养孩子的优良品质。因此，父母要积极地带孩子玩各种各样的游戏，给孩子一个在游戏中学习、在游戏中成长的良好环境。

这一阶段其实也是特殊时期，孩子容易产生恋母（恋父）情结。所以父母一定要正确对待与孩子之间的关系，有意削弱母亲（父亲）在孩子生活中的重要性。父母自己性别角色的正确扮演尤为重要，给孩子树立榜样，让孩子有一个完整的性别概念，要正确树立孩子跟异性交往的概念。

4. 第四阶段：学龄期（7～12 岁）

孩子在这一阶段会经历由家庭到学校的生活环境的转移，扩大了活动范围。孩子的主要活动变成了学习，而且需要非常勤奋。一旦这种勤奋得不到发展，孩子就会产生自卑感，对自己能否成为一个有用的人感到怀疑。若能积极解决这一阶段的危机，孩子就会变得有能力；不然，孩子就可能变得无能。本阶段的勤奋感将决定孩子未来一生的发展。

这一阶段的孩子性格不会有太大变化，父母应教育孩子尝试在各个感兴趣的领域中培养和发展自己的才能，要勤奋读书，多参加社会活动，注重孩子生活自理能力的培养，并且要多参加公益活动，做一个朝气蓬勃对社会有贡献的人。

5. 第五阶段：青年期（13～18岁）

孩子在这一阶段要能够思考获得的社会信息，尽快确定未来的人生目标和生活准则，假如做不到这些，孩子就会产生角色混乱，从而不能获得自我认同，个体就不能正确地适应社会环境，变得比较消极，从此将与社会要求背道而驰。积极解决这一阶段的危机，"忠诚"的品质将会在孩子身上形成，不然，孩子便会变得多疑。

孩子一出生就开始形成自己的性格，这对成年后的心理具有举足轻重的作用。同时父母也要注意，孩子性格的塑造要从出生时开始重视，并建立起正常的亲子关系，满足孩子身心发展的各种需要。良好的性格及心理素质的发展，将比单纯让孩子多认几个字、多背一些英语单词重要得多！这是每一位父母都应该知晓的事。

让孩子变得更坚强

现在的家庭环境一般都不错，大多数孩子没有经历过苦难。这就让他们容易依赖父母，也很难变得坚强。但未来的社会环境不会因为孩子的脆弱而变得简单，孩子难免会遇到失败挫折，面对激烈的社会竞争，没有坚强的性格是不行的。有人曾对150名有成就的智力优秀者做过相关研究，发现智力的发展水平跟三种性格品质有关：一是勇敢面对困难，并坚持到底；二是为实现自己的梦想而不断积累成果；三是对自己有信心，不自卑。可见，坚强是人的性格中不可缺的元素。

为了让孩子能够拥有坚强的心理素质，让孩子的性格被坚强的意志、美好的心灵和活泼开朗的精神所充盈，造就合格人才，父母应重视孩子的自信心和勇敢精神，让孩子的意志从小得到锻炼，这样在将来才能获得成功。不同的意志力、自信心会体现出孩子所受的不同教育：很多孩子做什么事情都愿意亲自试一下，有一股冲劲儿，不害怕困难；不过也有的孩子胆小怕事，害怕见到陌生人，什么都不敢尝试，父母一说就哭，生活自理能力弱。

心理学研究指出，人对现实的稳定态度以及与之相适应的习惯性行为方式就是性格，这是人格的一个重要方面。 坚强的性格有利于让人更积极地活动，有利于智力活动的开展，从而让人在学习工作中总是能达到高效率的办事水平。 日常生活中，人都是具有多种性格的，坚强是这些性格中最优秀的，性格坚强的人一般具有坚持力和自制力，不害怕任何困难挫折，会在社会中拥有一席之地，能在学习生活中成为宠儿。

那么孩子坚强的性格该怎么培养呢？ 以下几点为父母们指明了道路：

1. 让孩子拥有独当一面的机会

让孩子独自做一件事情，例如跟陌生人谈话，自己解决与小朋友之间的事情，自己完成作业等，即便碰到一些困难父母也不要替孩子做。 因为越困难的事情，成功后的喜悦越是让人心情澎湃，只有这样才能增强自信心，让性格变得坚强。

2. 点滴付出磨炼意志

事情都是一点一滴积累起来的。 从点滴做起，坚持不懈，能够磨炼我们的意志。 很多事业成功的人，都是从无数件小事上成功做起的。 以工作精确、细致著称的著名科学家巴甫洛夫，写得一手工整的字，如同印刷品一样。 原来在年少时，工工整整地书写就是他磨炼意志的第一步。

高尔基曾说："哪怕对自己的一点点的克制，也会使人变得强而有力。"所以，培养孩子的意志品质要从点滴做起。从小事做起，不过是一个开始。 培养坚强的意志品质，要从小到大、从易到难、从低到高地磨炼孩子，伴随着孩子的成长脚步。 当一个意志坚强的孩子就站在你面前时，他已经战无不胜了。

3. 增益其所不能需劳其筋骨

"劳其筋骨"作为磨炼意志的一种方法，被大家耳熟能详。完成艰苦的工作，能让孩子变得坚强。可供选择的内容很多，但不可盲目选择，要以安全为前提，不要跟实际分离。要教育孩子：明确目标，选择最佳方式和途径，如果开始行动了，就一定要达到自己的目的。

4. 相信和尊重孩子

通过承担责任的教育让孩子提高自我要求能力和坚持力。心理学研究发现，让孩子担当一定角色，他的性格也可能向这个方向变化。如某个小朋友不注意个人卫生，让他当个卫生员，他便开始注意自己的卫生了，而且在其他一些方面也会有很大的进步。这个例子说明孩子的性格会受大人期望值的影响，因此，每一个父母都应当把自己的孩子当作坚强的孩子来对待。

5. 让孩子保持健康的身体

体弱多病的孩子可能会对自己的健康状况感到失望，如果心理状态不好，肯定会害怕很多事物，不能积极地对人对事，也不能形成坚强的性格。相反，如果孩子有较好的身体素质，勇气与信心同在，也就能很容易形成积极的性格了。

6. 让孩子拥有良好的品德

大家都尊重品德良好的人，每一个孩子都渴望拥有知识和智慧。 人的各种心理品质是相互影响的，培养各种积极的良好品德，是坚强性格不可缺少的辅助因素。

7. 要求孩子做一些力所能及的事情

告诉孩子不要轻易哭泣。 父母应在孩子未哭时给予鼓励，利用好孩子的好强心理。 假如孩子真的不哭了，那么就要让这种效果得到增强。 如有些孩子排斥去幼儿园，那么父母一方面要改正孩子的这种心理，另一方面要告诉孩子"勇敢的孩子是不会哭的"，如果孩子不哭了，要给予适当的奖励，这样，孩子的性格就会慢慢地变得坚强起来。

8. 不要有性别偏见

很多父母都觉得，女孩子不应该玩冲锋枪，而男孩子玩布娃娃更是没出息的表现。 好像女孩子天生就应做饭养孩子，男孩子生来就应该舞刀弄枪，成就一番事业。 这种狭隘的观念对孩子的健康发展不利，会导致女孩子的独立性和自信心在过早的女性化中消磨殆尽，男孩子的男性特征中也会缺少细腻和敏感。

9. 耐心对待孩子

虽然很多孩子凡事都坚持自己做，一心想自己独立起来，不过现实中却经常做不到。 如吃饭时把食物弄得到处都是，衣服穿得乱七八糟。 有一些性子急的父母因为没有耐心，所以以提高效率和节省时间为由，一手包办，这不仅剥夺了孩子的自主权，同时也会使孩子的依赖心理增强。 所以一些专家强调，父母一定要有耐心，让孩子渐渐学着亲自尝试，独立成长，绝对不能心急，如果任何事都替孩子做，这样只会牵绊孩子的成长。

另外，孩子还经常怀着一颗好奇心问东问西，对于孩子的提问，不要焦急地给予标准答案，以免让孩子不能独立思考判断，最好是一点点地启发孩子，让他们自己找到最后的答案。很多事实说明，当一个复杂问题需要人们果断做出决定的时候，沉得住气冷静分析的往往都是性格坚强者；性格软弱者则不同，他们往往在左思右想、瞻前顾后之后把事情弄得一发不可收拾。坚强的性格对孩子的成长非常重要，所以父母在提高孩子素质时，一定要重视这个方面。

保护好孩子的自尊心

　　自尊心是人格里一个很重要的方面，可以说，一个人的自尊直接决定他的未来。历史上那些成功人物虽然都有不同的个性，不过分析其共同点，会发现他们的自尊意识都很强。因此，孩子的自尊心必须得到最周到的保护。

　　但是，父母有时会在无意间伤害孩子脆弱的自尊心。有个孩子天生五音不全，他的歌声就像锯木头。有一次，班里举行唱歌比赛，他在家里练习。母亲很烦躁地说："你这是唱歌吗？简直就是在制造噪音！"虽然妈妈是无意的，却彻底让孩子放弃了唱歌，而且开始害怕上学。

　　还有一种情况，那就是父母总觉得孩子什么都做不好，不管什么事都帮孩子做。常见的就是同学来找孩子玩，母亲擅自做主说："看书，不去。"从来不考虑孩子的意愿。

　　小孩子也有自己的面子，母亲的行为让孩子在同学面前彻底颜面扫地。孩子进入校园后，就开始有自己的生活圈，有自己圈子里的人。在自己的世界里，我们都是独立的，孩子也不例外，他们是自己的国王，可以不受父母的控制。为了让自己有面子，孩子有时会故意不听话。不过，父母一般都意识不到孩子的这种行为，这样会让父母和孩子直接产生隔阂。 母亲在孩子的朋友面前对孩子颐指气使，无异于向孩子通告他还没有独立的信息。 如果同学们发现某人没有自主权，就会渐渐疏远他，不再接受他。 这对孩子未来的发展影响不好。

古今中外公认的道德规范都要求孩子尊重父母。 但是，要知道尊重是互相的，在尊重面前人人平等。 父母是长辈，孩子是小辈，传统的观念更强调孩子是必须要尊重父母的，其实互相尊重是必需的。 孩子一旦到一定年龄，就开始想要独立了，独立的概念会出现在孩子的心理上，他们对社会上的事也开始有了自己的判断标准。 对于孩子的想法，只要不触犯原则问题，父母就应该尊重。

父母会因为孩子在外面受了委屈而愤愤不平。 不过，在平淡的生活中，有时父母无意伤害了孩子的自尊，自己却没有发现。 小孩子在家里难免乱拿乱放，很多时候用完了某个东西，却忘记放回原处。 所以，有时父母急需某个东西，找不到就会询问孩子。 假如孩子真的拿了，父母一问就能立刻找回来，那固然很好；不过如果孩子没有拿，面对父母的一再追问和埋怨，孩子的心理就会被阴影所笼罩。

孩子都是充满好奇心的，他们认为大人的世界都是新鲜的。 在爸爸不在的时候，孩子会偷偷拿他的钢笔做功课；当妈妈不在的时候，孩子会偷偷穿妈妈的高跟鞋。 一旦发生这些事，父母的头脑里就会产生条件反射：只要有什么东西找不到了，那就一定是孩子拿走了。

如果孩子说没拿，家长反而会觉得是孩子在说谎话，在某种程度上说，这就是人格侮辱，会让孩子伤心欲绝。 不过家长却注意不到这种情况，更不可能感到孩子的痛苦和伤心，甚至还以为自己是正确的。过了几天，自己无意间在另一个地方发现了要找的东西，才突然明白，是自己错了。

这样的情况，在很多家庭中都常常发生，但都被父母忽略了。这种无意的举动，不仅会伤害孩子幼小的心灵，更会让父母和孩子产生隔阂。因此，父母一定要学会尊重孩子的自尊心。

每个孩子都希望得到父母的夸奖，希望父母觉得自己是有所作为的人。父母责骂"你真是笨死了"，其实是在说"你真不是学习的料"，这只会让孩子失去信心。按说，当有人责骂孩子"你真的无药可救"时，作为父母应该第一时间站出来鼓励支持自己的孩子："妈妈相信你，只要你努力了就一定可以的。"而且事实也是如此，无论外人怎样贬低，只要父母永远承认并相信孩子的能力，给予孩子不断的支持和鼓励，孩子就不会沉沦下去。但是，假如父母最先否定孩子，孩子便

会真的开始怀疑自己的能力，最后会变得没有信心，什么事都做不成。此外，讽刺话更是不能随便说。对父母依赖性很大的孩子本来就需要父母的催促才会去做事。后来孩子因为某种原因改变了这种现状，开始主动学习，主动帮父母做家务。妈妈感觉很吃惊，无意识地说"哎哟，这是地球不转了吧"，或"今天是什么日子，怎么变得这么勤快啊？"

妈妈本来想表达自己的开心，但是由于感到意外，说了这种不着边际的话，便会伤害到孩子的自尊。有句俗语这样说："说者无心，听者有意。"碰到上述情况，父母应该看到孩子的长处，而孩子听到激励他们的话语，内心会形成良性的自我意识，慢慢地，自信心也会越来越多。

让害羞的孩子变得大方得体

　　能在公共场合自然大方地展现自我的孩子，总会引来同学父母的羡慕。　羡慕之余，父母还会从内心深处为自己孩子的内向而着急，为孩子未来的交往能力担忧。　不过光着急是没用的，作为父母，必须真正行动起来努力改变这个事实，让自己的孩子变得大方起来，变成一个外向开朗的孩子。

1. 口语表达能力的培养

　　父母可以通过给孩子讲故事的方法让孩子喜欢上学习，在讲故事的过程中，如果孩子有问题，要对孩子喜欢问问题的习惯给予肯定和表扬。　可以帮孩子养成记日记的好习惯，父母可以先启发孩子对当天或前一天的生活进行回顾，然后让他回忆自己感受最深的事情，自由发挥，将自己的快乐伤悲表现出来，也可以让孩子表述，父母记录，孩子说的时候，父母可以纠正错误，适时引导，帮助孩子丰富词汇。这样，积累的词汇多了，孩子说话时的语言自然就变得丰富而充满内涵。

2. 为孩子创造锻炼的机会

一个性格内向的孩子，当然不愿意在众人面前展示自己。这时候，父母就要主动为孩子创造锻炼的机会。

有一年，将将和妈妈在外婆家过中秋节。一大家子人热闹地团聚一堂，气氛十分热烈。晚饭后，妈妈提议搞个"中秋家宴文艺演出"，得到了大家的支持。

"有谁愿意做主持人呢？"妈妈说。"我！"将将的表姐大喊着。将将抬头看了看，默默无语，很是期待却没有勇气站出来。

妈妈觉得应该为将将提供这个机会。她知道将将最崇拜少儿节目主持人董浩，于是故意说："嗯，姐姐很像著名节目主持人鞠萍姐姐，那董浩叔叔由谁来充当呢？"

"我！"提到董浩，将将立刻精神了。

在姐弟俩的主持下，节目开始了。

"首先，弟弟要为我们讲一个故事，大家欢迎。"将将神采奕奕地说。

后来，《三只小猪》的故事在小弟弟稚嫩的嗓音中结束，大家都给予了热烈的掌声。

"接下来是姐姐的舞蹈表演，欢迎欣赏。"将将继续着他的主持。

"欢迎将将为大家唱歌。"在大家的鼓励下，将将由主持人又变成了演员。

外公拉二胡，舅舅唱《猪之歌》，孩子们也都跟着唱起来："猪，你的鼻子有两个孔……"欢声笑语充满了每一个角落。从此，将将变得更勇敢了，在众人面前说话也变得更落落大方了。

3. 奖励孩子

喜欢看书的小诗才五岁就能独自看儿童读物了。聪明伶俐的她得到了幼儿园老师的喜爱，老师总是称赞她学东西特别快。不过，小诗害羞，性格内向，不愿意在众人面前表现自己。例如老师让她上台领操，她摇头表示不肯，但这是很多小朋友求之不得的事儿。再比如她很擅长讲故事，妈妈让她给爷爷奶奶讲个故事听听，她也是拒绝，就算是讲，也是断断续续、扭扭捏捏。

事实表明，优缺点是每个孩子都具有的，父母不能总是把孩子的缺点挂在嘴边，这样会无意中让孩子的缺点强化。父母应当用很轻松的语气告诉孩子，如果他能够表现得大方得体，那么父母每次都会奖励他喜欢的东西，如果做不到，或者讲条件，那就要进行一些惩罚。等奖励次数多时，可以给他更大的奖励。直到他的行为变得落落大方后，就可以改变这种奖励行为，改用口头表扬的方式。

4. 充分利用生活实践锻炼孩子

很多孩子在家都能侃侃而谈，不过到了外面，就变得懦弱、胆小，不敢表达自己的观点。父母每天应尽量抽空带孩子走向社会，走向群体，以便培养孩子的交往能力，让孩子在与小朋友玩耍的过程中消除懦弱胆小的心理。玩是人与生俱来的本能，玩的过程也是交往的过程，同时，玩得开心会让孩子慢慢变得喜欢跟别人说话。

父母要明确孩子具有的能力，给孩子布置适量的任务，让他们做自己力所能及的事儿。 如特意创设机会，将向邻居或周围的人借东西、送物品这种事情交给孩子去做。 在与邻居、生人来来往往的过程中，孩子会得到与人交往的锻炼，有利于他语言表达的练习，交往的态度会随之变得自然、得体。

当父母要去购物时，可以把孩子也带过去，让孩子自主选择要购买的东西。 有位很聪明的妈妈，她特意装作找不到要买的东西，让儿子向营业员请教，因为想买的东西是孩子自己想买的，所以孩子很高兴去问。 最初，孩子总是依赖妈妈，要妈妈教他怎么说。 妈妈也总是不厌其烦地教他，而且还及时鼓励他。 最后，孩子就会很大方自然地和营业员交流了。如果买的东西不多，妈妈还会把钱给孩子，把购买的任务交给儿子。 这不仅让孩子的社交能力得到了培养，还锻炼了他的独立生活能力，可谓一箭双雕。

父母和孩子的老师多沟通、多交流，有利于孩子在学校里表现得出色，方便老师掌握孩子的性格特点，以及点滴变化。学校老师的关心、帮助有利于孩子在课堂上踊跃发言和积极思考。

5. 积极给孩子创设做客的氛围

父母带孩子一起去做客，有利于孩子的成长。 做客前，先告诉孩子要到哪去，以及对方的基本家庭情况等，让孩子心里有数，让孩子怕生的心理降到最低，同时让孩子产生想去做客的欲望。 例如："今天我们要去的阿姨家，有很多好玩儿的玩具，还有一个漂亮的姐姐，姐姐和阿姨都知道宝宝很厉害，而且很有礼貌，都很喜欢宝宝。"从而让孩子的自信心在这种情况下增长。

此外，为了让孩子体会小主人的自豪感，可以经常将客人请到家里来做客。这些客人，可从孩子比较熟悉到从没接触过慢慢变化，从而让孩子的交际圈逐渐扩大。当孩子接待客人时，要给孩子一个锻炼、提高的机会，父母不能急功近利，要让孩子自己慢慢摸索。例如，让孩子向客人打招呼，跟客人一起分享自己喜欢的东西，分享自己的得意成果，再鼓励孩子跟客人沟通交流，在客人面前展示自己的才艺等等。

同时，及时表扬、鼓励孩子是父母必做的功课。在孩子跟陌生人接触的过程中，对孩子的表现表示关注，并对孩子的每一次进步给予真挚的肯定和鼓励。如语言亲切的表扬："今天宝宝的表现好棒哦！能够主动跟叔叔阿姨打招呼，他们都夸你呢。爸爸妈妈也真替你感到高兴。"有时，也可以将贴纸、图书、食物及小玩具等作为奖励，让孩子感受到成长和进步的奖励。总之，父母只要给孩子机会，那么必会得到孩子的回报。用心浇灌，并持之以恒，孩子就一定会进步。

天真活泼的孩子受欢迎

　　常常看见有些孩子不够活泼，胆小怕生，当家里来了客人，总习惯性地躲到爸爸妈妈身后。对于这样的情况，父母要有耐心，不要只对孩子进行严厉的指责："有什么好躲的，叔叔又不是什么让人害怕的动物！""你怎么不说话？阿姨问你话呢。"这些冰冷无情的话会给孩子造成更大的压力，这样反而不利于改善孩子的性格。父母应该找出导致这种情况的真实原因并采取措施。

　　事实上，孩子不活泼很大程度上与孩子后天的成长环境和父母的教育方法有关，遗传只占了一小部分因素。常常可以看见一些父母望子成龙心切，要求孩子像大人那样端正坐直，全神贯注地读书，对于孩子的好奇心加以遏制，不准孩子随便碰、随便玩，让孩子听从父母的想法；还有一些父母为了保持室内干净和服装整洁，限制孩子的游戏，让孩子产生胆怯心理，逐渐变得呆板，没有生气，这实际上是扼杀了孩子的创造力；有的父母自己本身就很抑郁，容易生气，时间长了，孩子受其影响也会变得情绪多变，性格暴躁；有的家庭因为某些事情的困扰气氛紧张，父母会不自觉地对孩子态度严肃，孩子常常感到担惊受怕、情绪压抑；还有一些父母平日里忽略孩子与其他小伙伴的交流和游戏，导致孩子在为人处事方面不很开朗；另外父母也要注意孩子的身体情况，如果不健康，也会对做事情的效果有影响……

可见，孩子内向的原因分很多种，情况很复杂。让孩子表现得活泼，是每个父母的心愿。活泼的性格能使孩子保持愉快的情绪、健康的心理，有利于孩子想象力与创造力的发展；能使孩子更容易得到同伴和社会的欢迎，使孩子的个人生活充满欢乐和情趣；还能使孩子较好地对待挫折和烦恼，有较强的心理承受能力。活泼的孩子更能积极主动做事，思维灵活，有很强的好奇心，适应力强，总能乐观地对人对事，人际关系非常好，未来为人处世方面的能力也会很强。那么，家长该怎么做才能让孩子变得外向活泼呢？

1. 健康的身体是活泼开朗性格的基础

孩子在健康的时候情绪通常非常好，但如果生病了，他的情绪和活动就会出现异常。假如父母认真观察，很容易就能发现这一点。所以父母要让孩子有好的营养、充足的睡眠、足够的运动。让孩子保持身体健康，才能培养孩子健康的人格。

2. 营造良好的家庭氛围

孩子在民主、和睦、宽松的气氛环境中会表现得心情轻松愉快，能够自由地说话，喜欢跟父母交流自己的思想，容易培养活泼的性格。因此，父母不能盲目按照自己的意愿去安排孩子，要保留孩子对合理要求的选择权。

父母要尊重孩子的自尊心，关心他们的成功与失败，要平等地看待孩子，不要粗鲁地对待孩子。每天抽出一些时间跟孩子谈心，多了解孩子的日常生活。另外，父母也尽量保持乐观豁达的心情，不要把自己的坏情绪传递给孩子。

3. 帮助孩子及时摆脱不良情绪

孩子容易受小事的影响，或哭或闹或闷在心里，一整天都情绪低落。这时父母应该进行一些引导，让孩子和小伙伴一起玩要来转移注意力，从而让情绪得到调整。另外，也要鼓励孩子自己去克服困难。下面给出几点建议：

（1）培养孩子从事体育运动的习惯；

（2）鼓励孩子把心中的不开心表达出来；

（3）培养孩子用文明的方式释放心中的不悦。

4. 不要用知识填充扼杀孩子的创造力

刻板的教育扼杀了很多孩子的创造力。但是近几年来，有的父母盲从社会上盛行的早期教育，让孩子不停地去学习，却舍不得花时间让孩子去玩。这样的家长一心望子成龙，孩子的假期都在各种辅导班中度过了……

还有的家长对孩子过早地进行科学教育，他们常常告诉孩子一些科学道理，却不知在向孩子证明科学的真理时，这些科学真理恰恰是孩子心目中不着边际的天方夜谭。因为孩子的世界更有趣生动。他们的世界里，太阳是公公，月亮是婆婆，星星会眨眼睛，树叶也会说话……他们的生活充满着梦幻。所以，给孩子留一个想象的空间，随着孩子的成长他们终究会明白科学的道理。

5. 切忌对孩子要求过高

如果对孩子抱的期望过高，难免会压制孩子。孩子的本性是很活泼、好奇、喜欢说话的，有的父母觉得孩子吵吵嚷嚷，就责骂孩子，最后孩子反而害怕说话了。在孩子正喜欢说话的年龄，不让他说话，他怎能流利地表达自己的思想呢？因此，要让孩子顺其自然地成长，这样才能培养出健康的孩子。

6. 引导孩子扩大生活面

有的家长尤其是老人，特害怕孩子被别的小孩欺负了，所以就不让他跟别的小朋友玩。这样做会培养出过分依赖家长的孩子，他们是不可能健康活泼的。父母不仅要经常和孩子一起观看儿童电视节目，鼓励孩子一起唱一起跳，还可以经常带孩子去菜场、商场购物，大人站在一旁让孩子自己去付款，习惯与生人接触后还可让孩子单独去便利店买一些零星物品；另外，串串门等也有利于孩子的成长，先从去小伙伴家开始，然后慢慢扩大到亲朋好友；也可以举行生日聚会，跟小伙伴一起玩。

7. 切忌让物质代替亲情

值得警惕的是，一些经济条件很好的家长，以优越的物质条件代替自己与子女同在的时间，把孩子寄宿在高价幼儿园里，但有的孩子并不喜欢过这样的生活，高兴不起来，自信心也不足。物质的富足并不代表孩子真的快乐，孩子更需要的是父母的陪伴。

如果上述的要求父母都做到了，久而久之，孩子自然会天真活泼地健康成长。

　　做父母的都希望自己的孩子性情活泼又懂规矩，然而也有一些孩子性情活泼得过了头，太肆无忌惮了，一点儿规矩都没有，这也让父母很头疼。可见，在对孩子进行教育培养时，要真正做好并达到预想的目标，是非常难的。

　　日常生活中，很多父母往往会无意识地这样做：为了让孩子活泼，就不讲任何纪律，任其为所欲为，一点儿规矩也没有；为了让孩子有规矩，就不给孩子一点自由，这不许做，那不许做。结果当然是孩子或是无法无天、放肆任性，或是缩手缩脚、"未老先衰"，成了父母手中"呆板"的"木偶"。因此，父母一定要掌握分寸，根据自己孩子的实际情况，确定究竟是要对孩子管得严一点还是要管得松一点。如此，举一反三，触类旁通，才能让孩子更健康地成长。

高情商家教思维

1. 3~6 岁的孩子在性格上有哪些特点？ 为什么说 3~6 岁是
   孩子性格养成的黄金期？

   _____

   _____

   _____

2. 读过本章后，你认为孩子性格的形成取决于先天遗传还是
   后天生活的环境？

   _____

   _____

3. 孩子就要上幼儿园了，可吃饭时总是把食物弄得到处都
   是，你会责骂他吗？

   _____

   _____

4. 当孩子不会穿衣服或老是打坏东西时，你会怎么做？

   _____

   _____

5. 在生活中，你会有意识地让孩子在众人面前表演才艺吗？

   _____

   _____

6. 本章提到的观点中，你认为对你影响最大的是哪一条？

   _____

   _____

   _____

第二章

确定孩子性格，发现性格优势

什么是九型人格

爱因斯坦曾经说过："一个人智力上的成就很大程度上取决于人格的伟大。"

在心理学中，人格就是指每个人不同于其他人或动物特征的总和。人格完整是指构成人格的诸要素如气质、能力、性格、信念、人生观等方面能够平衡发展。健康的孩子一定会言行一致，具有积极进取的人生观，并以此为中心把自己的需要、目标和行为统一起来。而心理健康的最终目标是保持孩子人格的完整性，培养健全的人格。对于每个生活在这个社会的孩子来说，健康完美的人格都至关重要，这关系到他们能否健康而愉快地享受生活。

现代心理学把人格分为九型，称为"九型人格"，是婴儿时期人身上的九种气质，包括活跃程度、规律性、主动性、适应性、感兴趣的范围、反应的强度、心境的素质、分心程度以及专注力的范围和持久性。

九型人格是一种深层次地了解人的方法和学问，它按照人的世界观、思考方式、行为模式以及情绪特征将人分为九种类型，并认为所有的人都必然属于其中的某一类。九型人格作为一种精妙的分析工具，最绝妙的地方就在于它能够穿透人们表面的行为举止和喜怒哀乐，进入到人心最隐秘的地方，发现人们最真实、最根本的需求和渴望。

这九种类型分别如下：

1. 领袖型

优点：果断，自信，不拘小节，独立，勇敢有闯劲。

缺点：具有攻击性，以自我为中心，报复心强。

主要表现：父母不让做的事情，偏要去做；爱指挥同学干这干那；经常成为班级活动的带领者。

2. 和平型

优点：随和，接受能力强，有耐心，协调性好。

缺点：做事缓慢，易懒惰、压抑，优柔寡断。

主要表现：怕见生人，害羞；没有爸妈的督促就完不成家庭作业；不喜欢和同学争辩，也不爱出风头。

3. 完美型

优点：有条理，负责任，能够自我控制，追求完美，注重细节。

缺点：自我批判过度，爱钻牛角尖，苛刻。

主要表现：不玩稍有破损的玩具，作业字迹工整，要求自己必须考100分才能得到奖励，非常注重老师的表扬，容易内疚。

4. 助人型

优点：有爱心，乐善好施，随和，善于处理人际关系。

缺点：占有欲强，不懂拒绝，缺少主见，爱随大流。

主要表现：喜欢小动物；爱帮助别人，但不考虑自己的实际能力。

5. 成就型

优点：自信，适应力强，注意力集中，卓越，有干劲，察觉力强。

缺点：自恋，爱炫耀，争强好胜，逃避失败，害怕被人洞悉自己的内心。

主要表现：学习观察能力很强，在小朋友们面前非常注重自己的形象，爱在大人面前表现自己，喜欢出风头受到老师的关注。

6. 浪漫型

优点：具有独特性，创造力强，有主见，自信。

缺点：情绪变化无常，对批评过度敏感，易忧郁、妒忌。

主要表现：认为自己才是正确的；生活中我行我素追求独特；情绪变化很快，易激动；经常沉迷于自己的幻想当中；喜欢向老师父母提出奇奇怪怪的问题。

7. 思考型

优点：遇事冷静，条理分明，观察敏锐，求知欲强，分析能力突出。

缺点：沉默寡言，缺乏活力，反应缓慢，固执死板。

主要表现：喜欢和身边的同学保持一定的距离，不喜欢参加课外活动，对《大百科全书》等类型的书很感兴趣。

8. 怀疑型

优点：做事谨慎负责，团体意识很强，务实，守规。

缺点：不轻易相信别人，多疑虑，安于现状，缺乏创造力。

主要表现：对父母依赖性很强，不喜欢单独活动；在学校遵守校纪校规；对待学习踏实认真。

9. 活跃型

优点：热情开朗，乐观，积极主动，具有感染力。

缺点：做事欠缺耐性，易冲动，定力很差。

主要表现：贪玩，很容易对游戏上瘾；多才多艺，喜欢带动朋友之间的气氛；不喜欢受老师父母的管教；学习特长时老半途而废。

毫无疑问，九型人格也已经成为家长进入孩子的世界，从最深的心理层面了解、发现孩子的有力工具。世界上没有完全相同的两个孩子，每个孩子都是独一无二的，在性格上也是千差万别的，有的孩子性格内向，有的则活泼开朗；有的谨小慎微，有的则无所畏惧。孩子的这些特质都是需要父母通过日常生活中的仔细观察才能掌握的。同时值得注意的是，每一个人的成长环境也是不同的，所以同类型孩子之间可能有许多共同点，却也各自拥有一些只属于自己的东西。这些类型并无优劣之分。事实上每一种类型的孩子都各有其优缺点，父母不应该为孩子贴标签，然后拿着"类型特征"的借口限定孩子，或者是武断地认定孩子未来的发展状态。 优秀的父母应该具备观察孩子特质的眼睛，了解他的喜好厌恶、长处短处、优势劣势以及可以长足发展的潜能，帮助他扬长避短，根据他的优势潜能重点打造，同时补足他的短板。

◇ 你的孩子是领袖型还是和平型 ◇

你和小华去把教室门口的流动红旗摆正一点。

领袖型孩子具有领导才能，善于指挥。

这孩子，就是害羞。

和平型的孩子怕见生人，容易害羞。

成长中的孩子也有九型人格吗

　　妈妈和孩子一起去逛街的时候，不同的孩子会有不同的反应——

　　有的孩子会拒绝出去逛街，问他为什么，他会说："我对购物没兴趣，我更喜欢自己待着。"有些孩子则会帮妈妈提着袋子，嘴里还说着："妈妈，这个也给我！我来拿！"有的孩子专门喜欢买最贵最好的东西；有的孩子在面对选择的时候，会要求妈妈来拿主意；还有的孩子会想拥有和其他小朋友一样的衣服、发卡等东西。

　　可见，每个孩子都有各自不同的思维模式和行为特点。究其根本，正是因为不同的孩子具有不同的价值观，故有的孩子重视自己的想法、有的重视原则、有的重视他人的感受，由此就可以将不同的孩子划分到不同的人格类型里去。

　　每个孩子从出生的时候开始，就有自己独特的气质，也就是天生的性情和脾气。这从孩子的婴儿时期就可以感受到，有的婴儿脾气很暴躁，经常哭哭啼啼，而另一些婴儿则很少哭闹、特别爱笑，这些其实都是婴儿内在气质的外部体现。不过，孩子在婴幼儿时期的情绪并不是仅仅受自己的气质影响，很多时候父母的性格脾性和管教方法也会影响他们的反应。所以，如果想要孩子朝着其所属类型的高层次发展的话，父母就要根据他们固有的性格特征进行引导和教养，让孩子能有一个健康的发展方向。

那么，父母怎样才能知道自己的孩子属于哪种人格呢？

最简单的办法就是平时仔细观察孩子的一言一行，尤其是在他不说话的时候，最能反映出他的类型。而且，年龄越小的孩子越容易观察，因为年龄较小的孩子心理防御机制还没有成型，此时的孩子不会对自己的感受、情绪、想法和行为做出过多的掩饰或抑制，所以父母此时很容易看出孩子大概属于哪一种类型。

相对而言，对年龄较大的孩子采取直接观察的方法就不一定那么有效了。不过，孩子每做一件事都是他心理活动的反映，所以父母只要留心孩子的行为、言语甚至是表情，在此基础上保持和孩子的深度沟通，了解他行为背后的心理活动机制，就能获得关于孩子的最准确的信息。

在现实生活中，家长们往往容易忽略孩子行为背后的心理原因，对孩子稍有不满就横加指责。例如，有的父母看到孩子在墙角蹲着看蚂蚁就说他没出息、看见孩子大哭不愿离开就埋怨他长大了还不能独立、看见孩子拿着剪刀把新衣服剪得破破烂烂就大怒呵斥说他爱搞破坏等等。也许孩子自身的一些隐性特质和天赋还没有被发现或是刚刚为此跨出发展的第一步，就被不善于观察的父母无情地扼杀了。其实，当孩子表现出一些在成人眼里不合规矩、有些"乱来"的行为时，只要父母多问一句，也许就能了解孩子心里的想法，知道他到底为什么会这么做。例如好奇地观察蚂蚁的孩子可能是在探索大自然，不愿意与父母分离的孩子可能是因为缺乏安全感，用剪刀剪衣服的孩子可能是在发挥他的创造力。

另外还要提醒父母注意的是，每个孩子的成长环境都是独一无二的，所以即使是同一种类型的孩子，他们之间在拥有很多共同点的同时也会拥有一些只属于自己的特点，所以家长不要抱怨为什么都是同一类孩子，别的孩子有的优点为什么自己的孩子却没有。

要知道，每一型的孩子都会受健康或是不健康的发展影响并因此会产生不同的变化。 因此，父母应该在了解孩子的基础上，结合孩子的个性特征采取不同的教育方式，给他们一个舒适的成长环境，创造机会最大限度地令其发挥出自身的优势。

按天性生长，更容易长成大树

许多年来，心理学家都在探讨一个问题：性格究竟是天生的，还是在成长过程中形成的呢？实际上，性格是天生具备的特点，但是会受到环境的影响。这种从小保留下来的性格是天生性格，而成长过程中因为受到周围环境影响形成的性格是后天性格。

既然性格是人固有的特征，那么最大限度地发挥性格优点就是自我实现的过程。著名心理学家卡尔·古斯塔夫·荣格在《心理类型学》一书中提出："植物要开花结果，首先需要的是适合自己的土壤。"就像不同的花朵需要在不同的生长条件下才能开出绚丽的花朵一样，不同性格的孩子也需要在不同的环境里去培养才能实现自己最大的价值。只有把"本性的根"种植在"适合的土壤"中，这根最终才能成长为"茁壮的树"。

帅帅是一个活泼的男孩子，总是精力充沛，但是他妈妈却总是希望他能安安静静地坐在书房里看书，所以经常把他放在书房里不让出门。这样过了一段时间之后，不仅帅帅的学习成绩没有得到提高，整个人也变得萎靡不振，天天无精打采的。

　　了解自己的性格是认识真正自我的过程，了解自己的性格就像是在思考自己是属于什么样的"树"，也可以说是了解自己到底是什么样的人的过程。每个人都想实现自我的机制，但是想要成为人生的主人，就必须要了解自己天生的性格。不过性格的培养不是随意进行的，而是需要根据天生的性格进行培养，与其说这是一个培养的过程，不如说是一个让天生的性格更加健全的过程。而为这一过程奠定基础的就是父母提供的成长环境，父母对孩子的任何期望都应该建立在了解孩子的天性的基础上，只有这样孩子才能更好地了解自己，接纳他人，并使自己的努力更加有效率。让孩子按照天性去成长，孩子会更容易成材。

测一测：确定孩子的"型号"

请完成下面的测试，了解一下孩子属于哪种人格。 在符合孩子日常行为的（ ）内打"√"。

测试 1

（ ）有很多朋友

（ ）身体强壮有信心，精力旺盛

（ ）无论在哪里都喜欢当"孩子王"

（ ）经常轻视朋友的意见或者跟别人发生争执

（ ）把好朋友当作自己人，努力保护他们

（ ）不喜欢服从别人

（ ）勇敢，喜欢冒险

（ ）有时候固执己见，会顶撞父母和老师

（ ）看到慢条斯理的人，就会焦急烦躁，不能忍耐

（ ）发脾气的时候行为过激，不过脾气来得快去得也快

（ ）雷厉风行，敢作敢为

（ ）对前辈谦逊有礼，毕恭毕敬

（ ）坦诚率真，但是偶尔也有脆弱的一面

（　　）做自己喜欢的事情时干劲十足，埋头钻研

（　　）独立意识强，但是会尽力孝顺父母

"√"的个数（　　）

测试2

（　　）温顺听话，做事让父母放心

（　　）喜欢父母拥抱自己或是类似的身体接触

（　　）和家人或者朋友吵架的时候会感到郁闷，并且会刻意回避

（　　）在学校里受了伤也不告诉父母，这类现象很多

（　　）遇到选择性的问题，倾向于把决定权交给朋友或者长辈

（　　）不擅长整理物品，一些杂七杂八的东西不会及时清理

（　　）购物的时候，挑选必需品需要很长时间

（　　）做必须要做的事情时拖拖拉拉，开始之前浪费很多时间

（　　）喜欢在家无所事事，或者是用电视、电脑打发时间

（　　）平时做事不紧不慢，但是一旦开始就不会放弃

（　　）受到训斥或者被强制做什么事情，就会固执己见或者什么都不做

（　　）在他人面前言行不够自然大方

（　　）害怕电影电视中的暴力场面

（　　）乐观开朗，游戏的时候不计较输赢，而是享受游戏本身带来的快乐

"√"的个数（　　）

测试 3

（   ）能够自己把房间或者书桌整理得干干净净

（   ）在学校和家里喜欢包揽事情

（   ）眼疾手快，不需要父母催促就可以把事情做得井井有条

（   ）责任心强，无论担任什么角色，都能做到尽善尽美

（   ）喜欢忙碌的生活节奏

（   ）喜欢装作了解他人，并且有干涉他人的倾向

（   ）心里很在意别人对自己的看法，担心受到批评或者指责

（   ）发完脾气不容易恢复

（   ）生气的时候过分激动，时常自己怄气

（   ）富有正义感，思考问题比较理想化，希望能改善不良的现状

（   ）认真，不喜欢开玩笑

（   ）有毅力去改正自己的缺点

（   ）对待别人总有一种颐指气使的倾向

（   ）当朋友不遵守纪律的时候，总是气愤地进行批评

"√"的个数（   ）

测试 4

（   ）心灵脆弱，容易受伤害

（   ）不擅长向别人提要求

（   ）善解人意，即使对方不说出来，也能领悟别人的意思

（   ）表现活泼开朗，但是通常是为了博得别人的好感

（　　）喜欢朋友依赖自己

（　　）讲义气，总是把自己和朋友的关系放在第一位

（　　）和朋友吵架，会主动求和，希望恢复和对方的友谊

（　　）在意别人对自己的评价

（　　）如果父母喜欢其他孩子，嫉妒心会表现得很明显

（　　）十分在意朋友喜欢的话题以及别人说话的语气

（　　）总是设身处地地为别人着想而不考虑自己

（　　）怜悯身处困境的人，希望自己可以帮助他们

（　　）排斥暴力镜头、悲剧故事或者残酷的新闻报道

（　　）希望得到父母的爱，并为此不断努力

（　　）喜欢把自己的玩具和食物与朋友一起分享

"√"的个数（　　）

测试 5

（　　）踊跃参加学校活动，并发挥主导作用

（　　）活泼开朗，才华横溢

（　　）责任心强，分内之事都做到善始善终

（　　）有很强的求胜心，希望自己任何事情都能做到最好

（　　）喜欢一马当先

（　　）喜欢将自己最好的一面展示给别人，并且为此大费心思，甚至可能会假装

（　　）喜欢树立目标，并且能为此奋斗

（　　）对于"开心""悲伤"这样的情感表达无动于衷

（　　）喜欢把自己过失产生的错误转嫁到别人身上

（　　）即使忙得不可开交，也会表现得朝气蓬勃，充满自信

（　）随机应变能力强，做事效率高

（　）追求时尚，想法很现实

（　）注重着装，出门总要精心打扮

（　）认为只要能达到目的，说说谎话也无妨

"√"的个数（　　）

测试6

（　）认生，容易被外界环境左右

（　）情感脆弱细腻，有较强的感受性

（　）想象力丰富，喜欢创新

（　）喜欢安静，不喜欢有规律地做事情

（　）对故事、电影等感性的东西感兴趣

（　）不喜欢和朋友千篇一律，希望自己与众不同

（　）对物品十分挑剔，喜欢收集美丽的饰物

（　）善于察言观色，乐于帮助别人

（　）性格内向，在他人面前表现得充满活力

（　）刻意表现得端庄大方、温文尔雅

（　）羡慕朋友们的优点

（　）如果认为父母误解了自己，就会拒绝一切表示反抗

（　）对死亡和悲剧性的事物感兴趣

（　）对批评敏感，会因为琐碎小事伤心

（　）喜欢读名人传记，或者那些理想化的英雄和人物的故事

"√"的个数（　　）

测试 7

（　　）不喜欢引人注目

（　　）不喜欢集体活动

（　　）不喜欢别人动自己的东西

（　　）喜欢自己玩

（　　）对社会准则不关心

（　　）不随便丢弃东西，而是储存起来

（　　）探究自己感兴趣的领域时，能够长时间地陶醉其中

（　　）对理论感兴趣，喜欢搜集信息

（　　）朋友不多，只喜欢与自己的好友安静交谈

（　　）遇到不理解的问题，有"打破砂锅问到底"的习惯

（　　）话少安静，但是别人咨询意见的时候，答案清晰明确

（　　）喜欢简洁有条理的对话

（　　）深沉，即使是自己很渴望的东西也不会缠着父母为自己买

（　　）以倾听为主，喜欢像旁观者一样观察

（　　）表情单一，很多时候别人不知道他在想什么

"√"的个数（　　）

测试 8

（　　）做事小心翼翼，过于谨慎

（　　）神经敏感，总是为一些琐事烦恼

（　　）喜欢和朋友成群结队

（　　）害怕自己被朋友疏远排斥

（　　）对父母百依百顺

（　　）富有同情心，同情弱者和有困难的人

（　　）可能会在背后抱怨或嘲讽朋友

（　　）胆小，容易受到惊吓

（　　）经常会有无谓的担心

（　　）性情多变，有时候本来有说有笑，忽然就会发脾气

（　　）害怕受斥责，做事小心谨慎以防出错

（　　）遵守时间和秩序

（　　）优柔寡断，但是一旦下定决心就会坚持不懈

"√"的个数（　　）

测试 9

（　　）乐观向上，活泼开朗

（　　）对待任何事情都漫不经心，喜欢恶作剧

（　　）朋友成群，喜欢和朋友在一起

（　　）拿到零花钱马上就会花光

（　　）在言行上看起来比同龄人要成熟

（　　）有明星意识和自我陶醉的倾向

（　　）喜欢用玩笑来让朋友愉快

（　　）常常向长辈撒娇

（　　）好动，忍受不了无聊的事情

（　　）如果得不到喜欢的东西就无法忍受

（　　）无论做什么都很自信，做事情速度快

（　　）即使受到训斥也会很快忘记

（　　）做事虎头蛇尾，缺乏毅力和耐心

（　　）对新事物很快就感到腻烦

（　　）好奇心强，一日多餐

"√"的个数（　　）

如果测试 1 "√" 的个数最多——领袖型孩子

如果测试 2 "√" 的个数最多——和平型孩子

如果测试 3 "√" 的个数最多——完美型孩子

如果测试 4 "√" 的个数最多——助人型孩子

如果测试 5 "√" 的个数最多——成就型孩子

如果测试 6 "√" 的个数最多——浪漫型孩子

如果测试 7 "√" 的个数最多——思考型孩子

如果测试 8 "√" 的个数最多——怀疑型孩子

如果测试 9 "√" 的个数最多——活跃型孩子

高情商家教思维

1. 结合本章介绍的九型人格理论，你能识别自己的孩子是哪一种人格吗？

   _____

   _____

2. 在日常生活中，你会有意识地去观察孩子的言行，从而识别孩子的人格类型吗？

   _____

   _____

3. 如果你是一个天性豁达、善于沟通的人，你会要求自己的孩子必须像你一样吗？

   _____

   _____

4. 如果你的孩子是属于活泼好动类型的，对画画、弹钢琴等比较安静的活动不感兴趣，你会怎么办？

   _____

   _____

   _____

5. 分别测试自己与配偶、孩子的人格类型，将测得的结果填写在下面的横线上。

   父亲：_____

   母亲：_____

   孩子：_____

第三章

"富有正义感的超人"
——领袖型孩子

人格特点：雄心勃勃，控制欲强

　　王宁提起自己的儿子总是一副哭笑不得的表情，因为儿子虽然年纪不大，但是已经是街巷里有名的"大人物"了。这个孩子从小就身强力壮，信心十足，有很多小朋友跟着他，是名副其实的"孩子王"，在所有的玩伴中都是"他说了算"，否则就会以一种很强势的态度压制对方，或者干脆不让对方加入他们的团队中。他还有一种"路见不平拔刀相助"的大侠风范，和别的小朋友一起玩的时候，如果有大一点的孩子欺负小一点的孩子，他一定会挺身而出去"主持正义"，而且爆发出来的力量往往能把那些大孩子吓得乖乖听话。

　　这个孩子的身上体现出了领袖型孩子的典型特征——不拘小节，敢作敢为，喜欢替别人做主和指挥别人，不喜欢受人支配或控制，个性冲动率直，被别人触怒会立即反击，不易服输，不愿求人。

　　领袖型的孩子很容易让家长头疼，他们是典型的"小霸王"，做事有些独断专行，雄心勃勃，总是想支配别人，完全不受家长的控制。 领袖型孩子的体内似乎充满了能量，必须时时刻刻地尽情释放才能让他们心情平静，所以见到领袖型孩子的时候会发现他们常常是大喊大叫的，说话的时候总是喜欢用命令式的语气，而且语调坚定。 这些孩子的情绪变化非常快，容易翻脸，所有的情绪都表现在脸上，高兴就高兴，不高兴就不高兴，喜怒哀乐一看便知。

领袖型孩子对权力特别着迷，他们认为只有掌握权力并且能控制整个局面时，才能获得安全感和成就感。 为了追求权力，他们永远都是精力充沛的。 与他人交往时，领袖型孩子身体里的支配欲会蠢蠢欲动，他们恨不得让周围所有的人都听从自己的指挥。 伴随他们这种欲望而来的，往往是严重的自我膨胀，这在人际交往中是非常危险的，会不可避免地与人发生激烈冲突。

只有当他们能够控制整个局面的时候，他们才会感到安全；只有当他们能够反抗别人制定的准则时，他们才会感受到自己的力量。 领袖型孩子希望自己能同时拥有制定限制和打破限制的权力，这就会令他们的行为出现两极分化——一方面，他们会以非常严格的要求来规范自己和他人做出正确的行为，另一方面他们又会做出那些被禁止的事情，这很容易招致他人的反感。

领袖型孩子除了喜欢控制别人之外，还充满了正义感，他们眼里的世界总是充斥着各种各样的困难和不公平的事情，他们认为只有通过自己的努力把自己变强，才能保护周围脆弱的人，才能维持世界的公平，并以此来换取别人的尊重。 在这种心理机制下，领袖型孩子会产生一种强者的心态，释放出一种凡事都要尽全力的能量，所以他们的身上会散发出一股强而有力的霸气和攻击性。

　　领袖型孩子坚信凡事都要靠自己，不能依赖他人，但另一方面却希望所有人都依赖他们。如果发现某些人身上有自己看不过去的行为习惯，或是做了什么他们认为有失公平的事情，他们就会毫不留情地指出来，完全不考虑具体的情况和周围的环境，也很少去考虑别人的感受。他们最希望看到的就是对方低头认错接受他们教育的状况，然而现实情况往往并非如此，长此以往，这类孩子那种坚强自信的个性会在别人眼里演变为张扬跋扈与自高自大，让所有人都远离他。

性格枷锁：性情暴躁，独断专行

领袖型孩子喜欢自己说了算。 具体表现为在与别的小朋友交往中习惯占据主导地位，认为只有这样才能保护自己和别人，才能获得尊重。 孩子在这种观念的指导下，会比较霸道，容易发脾气。 当他们面前出现了阻碍自己完成目标的问题时，就会控制不住自己的情绪，最后令自己疲倦不已，令别人纷纷躲避。 这种专横霸道的行事风格是领袖型孩子最沉重的性格枷锁。

这些孩子总是给人一种高高在上的距离感，再加上说话总是粗声粗气的，不知道根据场合给别人留情面。 他们的这种个性让很多不熟悉的小朋友很害怕和他们相处，甚至都不敢跟他们接近。

苏苏的能力很强，从小的时候就是小伙伴中的"小领导"，上了幼儿园之后也是一直奋力争取"小班长"的职位。她看起来非常享受那种可以领导别人的感觉，喜欢把所有的决定权握在自己手里，但却有些独断，不给他人留说话的余地。例如，和朋友一起玩时，每次她都要拿主意，很少关心朋友的想法。在周围的朋友的眼里，她是个很强势也很霸道的女孩。

天生的领袖气质造就了领袖型孩子的领导潜能，这类型的男孩从小就有着超前于年龄的霸气和男子汉气魄，女孩在这一点上也不输于男孩。 这些孩子天生就喜欢占据主导地位。

领袖型孩子在集体中很容易被大家视为英雄人物，因为他们往往极具号召力，能让人激情澎湃，但是他们不一定懂得尊重别人。 他们总爱把自己摆在很高的位置上，这就很容易使他们产生"高处不胜寒"的感觉，这对他们人际关系的建立是很不利的，所以也会在某种程度上对他们今后长远的发展造成一定阻碍。

此外，领袖型孩子的霸道风格，很容易给周围的人带来莫名的压力，而且他们总是认为自己心中的真相就是客观事实，一旦认定了自己的观点，他们就会摒弃一切反对意见，任何的意见或者建议都会成为他们攻击的目标。 这种固执的个性让别人不愿意去接近他，更不要说对他提出合理的建议了，所以

领袖型孩子很容易因为这种个性失去获得有效建议的机会，这会减慢他们成长的速度。

要帮助领袖型孩子解开性格的枷锁，首先要让他们学会用心观察和体验生活，学会分享，学会发现世界中的真善美，而不要让他们只关注世界上的不公平。 领袖型孩子具有很强的责任心、坚强的意志，还有不怕困难的精神，所以这类孩子如果能够得到很好的引导和协调，他们在今后的成长过程中会脱颖而出，成为优秀的领导者。

开锁密码：做事雷厉风行，不要目中无人

领袖型孩子喜欢那种高度投入、充满能量的活动状态，他们做事几乎都是依循自己的冲动进行的，而很少去考虑自己的动机。正是因为如此，相对其他类型的孩子来说，领袖型孩子是不受约束的，他们能够迅速地把大量精力投入到自己安排的活动中，一旦欲望出现就会很快付诸行动。这种雷厉风行的做事风格，能够让健康状态下的领袖型孩子在第一时间抓住最好的发展机会，以最好的状态展现个人能力，并且在行动过程中进一步提升自己的综合实力和个人影响力。

为了改善领袖型孩子的人际关系，父母应该帮助领袖型的孩子更好地适应生活。首先要教会孩子基本的社交礼节，让他学会使用"谢谢""对不起"等礼貌用语。领袖型的孩子总是不拘小节，而且他们总是觉得自己有义务去指导、纠正他人，所以他们很少会对别人说"谢谢""对不起"之类的话。这时候父母要有意识地通过言传身教，让他们懂得在社会交往中礼节的重要性，尤其是要懂得怎样对别人表示感谢。

领袖型孩子常常会因为心直口快得罪别人，所以父母应该

将训练孩子的说话技巧作为改变孩子的重点工作来做。 当孩子说出不合时宜的话时，父母要告诉他这么说话会让别人感觉不舒服或者是难堪，但是必须要肯定孩子的初衷，随后再告诉孩子同样的意思换另外一种方式表达出来就会更容易被别人接受。 如果父母能够长期这样做的话，就可以让孩子在不知不觉中接受你的建议，改变自己的行为方式。

很多集体中的"小领导""小干部"都有过这种困惑："为什么我做的一切都是为了同学好，但他们却都离我远远的"，其实这都是因为他们自视甚高。 因此，领袖型孩子的家长就要有意识地引导孩子放低姿态，让他们懂得亲和力的价值。 在领袖型孩子的眼里，帮助他人就是对弱者的施舍。 所以在面对请求他们帮助的人的时候，他们难免会表现出一种高高在上的感觉。 为了能够让他们理解亲和力的价值，父母要仔细观察他们的言谈举止，在他们亲切友好的时候，要及时提出表扬，时间长了，爱的种子就会在他们的心里生根发芽，当他们带着爱心来理解和帮助别人的时候，自己也会找到心灵的平静，脾气也不会那么暴躁了。

领袖型孩子倾向于高估自己的力量，觉得自己很重要。当所希望的与现实情况不一致时，他们就很容易大发雷霆，因此训练这类孩子控制情绪的能力也是很重要的。 例如可以让他们在每次将要发脾气时先冷静三分钟思考一下有没有必要、值得不值得发脾气等，引导他们正确面对问题并且正确认识自己的能力，还可以教他们一些客观评价自己的方法，防止他们陷入极端的情绪中。 同时要让孩子知道，如果一定要和别人较量，一定要先看清形势，有时候用妥协和对话的方式也可以解决问题，而不一定要大吵大闹甚至是大打出手。

◇ 改善领袖型孩子的人际关系 ◇

妈妈，这是你要的书。

谢谢阳阳。

父母要以身示范，让孩子学会使用"谢谢""对不起"等礼貌用语。

我让小朋友们上课别说话，他们都反对我。

你的目的是好的，但和小朋友们说话时要注意方式，不要用命令的语气。

领袖型孩子常常会因为心直口快得罪别人，所以父母应该将训练孩子的说话技巧作为改变孩子的重点工作来做。

培养技巧：提高孩子情商，淡化控制他人的倾向

　　领袖型人们性格中最大的枷锁就是控制别人的倾向，他们喜欢领导者的位置，希望能够用自己的能力来控制局势，希望能够战胜其他强劲的竞争者。 所以，从童年开始，他们的生活就充满了斗争。 一旦觉得自己失去了控制能力，他们就会感到厌烦和枯燥，或是感到身体里过剩的能量在不断冲击着，急需发泄。 在这种情况下，领袖型孩子很容易不断制造麻烦，他们经常通过与人打架、干扰别人的生活，或者是小题大做、无理取闹来散发体内过多的能量，此时他们变得非常不受控制，在惹怒他人的同时也把自己推向了负面情绪的深渊。

　　领袖型孩子的外在能力和行动力是不容置疑，也是不需要家长担心的，最需要家长关注的是他们内在个性特质的发展过程，需重点培养的也是其内在品质。 很多领袖型的成年人因为喜欢冒险，大多有过大起大落的经历，出现这种大起大落主要是因为他们情商不高。 如果他们的情商能够有所提高的话，那么领袖型孩子的发展会很顺畅。 因此，领袖型孩子的家长要从小时候就着重培养他们的情商，锻炼他们与别人的沟通能力、合作能力、倾听能力以及情绪的自控能力等等，为他

们的成长和今后的发展奠定坚实的内在根基。

要提高领袖型孩子的情商，父母可以试着这样做：

1. 教孩子如何平息怒气

让孩子懂得和平的价值，告诉他武力并不能解决任何问题。告诉他在情绪激动的时候可以选择离开让他生气的地方、深呼吸几次或者在心里默默地数数。另外孩子成功地平息怒气的时候，家长要及时夸奖他，强化他避免正面冲突的心理。

2. 让孩子自由地展现内心柔弱的一面

领袖型的孩子虽然外表强悍，但是他们却有一颗婴儿般柔弱的心，充满爱也容易受伤。但是他们认为展现这样的一面是软弱的表现，所以总是把这一面隐藏起来，只有在信任的人面前才会表现出真实的自己。所以在他们表现出脆弱或者亲密的时候，父母要有意地去迎合，并且要告诉孩子这一丝的脆弱并不会影响他的形象，相反，只有勇于表现自己情感柔弱面的才是真正的强者。另外要注意的是，这类型的孩子只在自己信任的人面前才会表现出这样的一面，所以父母与孩子平时相处时要真诚、率直，如果父母遮遮掩掩或不遵守约定，很容易使孩子产生背叛的感觉。

3. 使孩子养成有规律的生活习惯

领袖型的孩子很难坚持做某件事情，他们为了转换心情，可能会暴饮暴食或者彻夜专注于某件事情，所以父母要引导他们养成良好的生活习惯。父母可以与孩子制定相关的生活准则，并引导他们持之以恒地遵守，不要中途放弃。 因为领袖型的孩子有破坏规则的倾向，所以父母要让他们切身体会到规则的重要性。

4. 父母可以为孩子安排一些能抑制兴奋情绪的活动

白天，尽可能地为孩子提供玩耍、奔跑的自由空间。 傍晚或者临睡前，为他安排一些可以平静心情的游戏，比如沐浴、冥想或者读书等。 如果到了时间孩子仍然没有睡意，可以让他继续玩一会儿，直到消除他的兴奋感。

5. 培养孩子的团队合作精神和爱心

为了培养孩子的合作精神，可以让孩子多参加一些团体活动，比如足球、篮球等，这时候他们会知道团队合作的重要性，要取得最后的胜利，不完全在于自己，而在于团队合作。平时也可以让孩子养养小动物或者植物，让他体会到照顾别人的快乐。 对待领袖型孩子，父母千万不能说出"软弱是无能的表现，不能轻易相信别人"这样的话。

此外，色彩也可以帮助领袖型孩子抑制暴躁的性格，父母应该让他们多接近柔和的色调和天然色调，他的房间最好以象牙色或者米黄色系列为主色调，孩子穿的衣服也尽量不要选过于艳丽的颜色，应该多穿一些代表温和、稳重的灰色服饰。

高情商家教思维

1. 结合本章内容，你能总结出领袖型孩子的优缺点吗？

   _____

   _____

2. 观察一下，你的孩子在日常生活中有独断专行、控制欲强
   的表现吗？

   _____

3. 在日常生活中，你是如何通过言传身教的方式来教会孩子
   基本的社交礼节的？

   _____

   _____

4. 为了培养孩子的规律生活习惯，你都做了哪些努力？

   _____

   _____

5. 当一向刚强的孩子突然表现出柔弱的一面，你会怎么
   应对？

   _____

   _____

6. 为了培养孩子的爱心，你会用鼓励孩子饲养小动物的办
   法吗？

   _____

   _____

第四章

"与世无争的世外高人"

——和平型孩子

人格特点：温和友善，自得其乐

小静是个"没脾气"的女孩，好像从小就没有什么事情能惹她生气。她特别喜欢洋娃娃，但是妈妈带着她到商店去挑选洋娃娃的时候，她又不知道选哪个，总是眨着眼睛看着妈妈说："妈妈，我不知道哪个娃娃好看，你帮我挑!"有的时候，她有些愿望妈妈没有满足她，她会显得很不高兴，但是一转念就会忘了，好像什么事情都没有发生过一样继续做自己的事。如果别人有什么事情想要询问她的意见，她永远都是挂着一副茫然的表情回答说"我不知道"。

小静就是一个典型的和平型孩子——温和友善，很少发脾气，非常能忍耐，很少记得不快乐的事情，害怕做决定，害怕与人冲突，容易妥协，不善表达自己的意见，优柔寡断，能够很好地配合他人。

和平型孩子心地善良，性情温和，是别人眼中的"乖宝宝"。他们的情绪通常不会有太大的起伏，他们害怕冲突，最希望的就是维持当下的现状永远不要出现变化。

他们不喜欢把内心的情感展现出来，害怕与别人发生纠纷，所以总是委曲求全，常常迁就长辈和朋友。 即使面对自己不情愿的事情也会点头称是，所以他们总是接受别人的建议，常常无法提出自己的主张。

和平型孩子心态平和，不会给别人带来压力，而且朋友有困难的时候会主动伸出援手，所以朋友很多，但是他们不会主动与别人结交，而是等着别人来接近他们。 虽然朋友看起来很多，但是真正亲密无间的朋友往往只有少数几个。 他们善于倾听朋友的心事和苦恼，从来不会把自己的想法强加给别人，所以和平型孩子的人际关系通常很好。

和平型孩子说话时语气很平淡，语速慢且声音低沉，他们的言语间极少表现出他们的情感变化，最喜欢说的话就是"随便"和"无所谓"。 此外他们的表情大多数时候也不会有太大变化，和平型的男孩不喜欢笑，也懒得笑，常常面无表情；但是和平型的女孩笑起来非常甜美，招人喜欢。

和平型的孩子害怕变动，懒得思考，是一类贪图安逸、懒惰消极的孩子，他们认为一切如常、不用思考是最好的。他们总是怀着"顺其自然"的心态。 "事情总会解决的""总会有人帮我的"，和平型的孩子总是会这样自我安慰。

和平型的孩子追求的是与整个外部世界的融洽，他们认为只有这样才是对的，才有安全的保障，所以他们极少把注意力放在自己身上，总是花费大部分的时间关注外部环境，并通过妥协和忘记自己的真实想法和情感来达成与外界的匹配。 也正是由于这个原因，和平型的孩子很容易受到外界环境的影响，所以身上可能会具备所有人格类型的特点。 由于生长环境的不同，有些和平型孩子可能会变得温柔敦厚，有的则可能成长为独立刚强的人。

性格枷锁：内心胆怯，害怕冲突

　　和平型孩子认为只要自己乖乖的，就会赢得父母和周围其他人的喜爱，就能获得恬静愉悦的生活，所以他们很害怕因为自己的想法不同而引发冲突，更担心因此失去他人的关爱，所以他们总是放弃自己的想法，关注别人的反应，顺应别人的要求，让自己的行为符合既有的模式，这些特点都很容易让和平型孩子丧失追求自我成长的动力，这也是他们未来发展的很大障碍。

　　和平型孩子喜欢简单、安静、日复一日的生活，他们的情绪通常很稳定，也很能包容别人，能给人带来很好的安慰。不过，由于他们习惯将别人的感受和目标当作是自己的，并且以此来寻求一种平衡和和谐，所以在他们的世界里几乎不存在自己要为之奋斗的目标。为了迎合他人的感受和目标，他们会不断降低自我需求，渐渐地，自我意识就会慢慢消失。对于一个处于成长期的孩子来说，自我意识的发展程度与他未来的心理成熟程度和心理水平有密切的关系，所以这种一贯怠惰的模式如果不加调整的话，就会对孩子将来的发展产生不可逆的影响。

一旦自我意识消失，他们就会习惯性地放弃思考，不知道自己的真正需要，不会设定自己的目标，也不会做出决定自己未来的选择等等。懒得进行思考、盲目跟随别人的意见是和平型孩子的最大特点，他们总是摆出一副什么都无所谓的架势，时间久了，周围的人可能也会渐渐淡忘了他的存在，更不用提顾及他们的感受了，所以和平型孩子害怕冲突的这种个性也不利于他们与别人建立坚实的关系和亲密的友谊。

和平型的孩子是出了名的不愿面对困难，对于自己不能实现或难以突破的东西都采取逃避的态度。和平型孩子经常强调别人处境的优势，并以此来作为摆脱自己困境的借口。如果有人对他说"如果你努力一点肯定比现在的成绩好，你看某某同学就因为努力取得了很好的成绩……"这时候和平型的孩子一定会回答说"某某比我聪明，所以肯定比我学得好"。在家长和其他人看来，他只要努力一点，就能做得更好，但是孩子自己则往往会想"只要保持平和就够了，做得那么好有什么用呢"。其实，和平型孩子很多时候就是被这种"无所谓"的态度困住了自己的发展潜能。

对于很容易就受到他人情感影响的和平型孩子来说，说"不"也是一件相当困难的事情，对别人说"不"就像自己遭到拒绝一样难受。他们更愿意对他人点头，同意他人的观点，而不是公开表达自己的反对意见，因为他们很害怕因为自己的不同声音而导致不和谐或冲突的出现。

虽然和平型孩子习惯于配合和服从，不轻易发脾气，只会无声地反抗，但他们也有不愿认同的时候，如果他们心底反对的声音积累到一定程度，愤怒达到顶峰，这时候他们的情绪如果直接发泄出来的话，就会呈现火山爆发一样的效果，无论别人怎么劝都无济于事，这会让周围那些已经习惯和平型孩子温柔平静性格的人们大吃一惊。

开锁密码："宝贝，你是怎么想的"

丹丹是科学兴趣小组的成员。每次小组成员跟老师一起讨论实验步骤的时候，丹丹总是不说话，等到其他人都说完之后，她才在老师的催促下慢悠悠地说出自己的想法。有时候，当她说完自己的想法，有同学提出异议，她就会马上说："是啊，我也觉得我的想法有问题，你说得对！"

丹丹是一个典型的和平型孩子，这种孩子总是给人一种毫无主见、容易妥协的印象。 如果让她和其他人一起发表意见，她一定是最后一个说话的，而且通常是对别人的肯定。如果她偶然提出了不同的意见，也总是底气不足，只要有人稍有疑问，她就会马上妥协。

其实这是和平型孩子一贯的思维模式决定的。 他们习惯于凡事都站在他人的立场去思考，以至于忘了自己的观点。因为只有当他和别人表示一致时，他才会觉得自己所做的行为是符合维持外界和平宁静的需要的。 此外，这些孩子很害怕发生冲突，当周围的人出现对立的情况时，他们会感到左右为难，甚至会害怕因此破坏自己平静的内心，因此他们总是迫不及待地想要通过自己的妥协来避免冲突，保持周围环境和自己内心的平静。

如果爸爸妈妈就和平型孩子应不应先写作业的问题进行讨论，双方各执一词，互不相让。爸爸说可以先玩一会儿再写作业，妈妈则坚持说小孩子必须要有良好的习惯并且要建立规律的作息时间。这个时候如果爸爸先和孩子说"你没有必要一定要先写作业，先休息一会儿也可以"，那么这类孩子会说"我也觉得是"；如果紧接着妈妈又对他说"小孩一定要养成先写作业的好习惯"，那么孩子就极有可能又掉过头来附和妈妈"老师也说应该先写作业"。不仅在家如此，和平型孩子在外也会经常附和别人的意见，哪怕这些意见原本就是相互矛盾的。看到孩子这种情况，很多家长都为孩子没有主见而发愁，担心这样的孩子以后在复杂的社会上无法立足。

那么父母可以做些什么来帮助和平型的孩子更好地适应社会呢？

1. 让孩子表达自己的意见，让他们学会说"不"

和平型孩子虽然外表看起来很容易得到满足，但是内心总是觉得别人对自己漠不关心，所以很少表达真实的意愿，父母应该教会孩子堂堂正正地表达自己的意见和要求。从发展心理学上来看，人类所学的第一个抽象概念就是用"摇头"来表示"不"，这个动作是自我概念的起步，它不仅代表着拒绝，也代表着选择，而每个孩子都是在通过选择来形成自我、界定自我的。所以和平型孩子的家长有必要教会孩子如何拒绝他人，如何对别人说"不"，家长不妨为孩子做一个生动的亲身示范，教会他们用得体的方式拒绝他人。

2. 让孩子学会选择，并为自己的选择负责

从日常生活中的小事开始，让孩子学会自己选择和决定，比如今天要穿什么鞋子去上学，在商店想买哪个布娃娃。 开始的时候孩子可能不知道怎么选择，但是为了孩子的未来，父母要有耐心，直到他们学会选择为止。 此外父母也不要过于保护孩子或者替孩子承担责任，如果孩子受到了朋友的影响做了错事，要询问孩子遇到的状况，随后鼓励他们为自己的行为负责。

总之，作为和平型孩子的家长，应该有意识地去问孩子："宝贝，你是怎么想的？"并且要直接地告诉孩子，爸爸妈妈需要他的意见，此时孩子就会把表达自己的意见当作维持内心和环境和谐的需要，也就自然而然地能表露心声了。 此外，当他说出自己的想法时要及时给予肯定。 对于和平型孩子来说，得到家长的肯定是最有力的鼓励和最高层次的赞誉。

培养技巧：激发斗志，让孩子勇敢接受竞争

　　在父母爱的怀抱中长大的孩子大多数为和平型，他们和父母之间没有矛盾，父母也会尽量满足他们的要求。　而且这样的家庭，大多夫妻感情和睦。　即使父母之间感情不和，给孩子的爱却是足够的，在这样的家庭中生长的孩子也会成长为和平型。　这样的孩子性格随和，而且在家里没有感觉过内心的纠结，所以体会不到外部的矛盾。　一旦他离开家门，开始上幼儿园和小学的时候，就会经历一些外部环境的纷争，但是面对这些纷争的时候他一般会选择回避。

　　其实，要改变和平型孩子内心胆怯害怕冲突的缺点，应该从家庭环境开始做一些改变。　和平型的孩子大多数性格内向，做事瞻前顾后，没有魄力，这时候就需要给他们一些适当的刺激和活力。　爸爸妈妈应该让孩子多接触一些鲜艳的色彩，他们不喜欢灰暗的色调，就把他们放到充满阳光的屋子里。

　　父母也不要因为孩子是文静的乖宝宝，不出去玩也不会闹脾气就总是把他们关在屋子里。　和平型的孩子需要一些能够培养他们积极心态的游戏。　可以每天带着孩子去游乐场里玩

要，或者根据他们的能力让他们参加一些他们一定能完成的活动，培养他们的自信心。 但是家长要注意的是，虽然要让孩子适应竞争的环境，但是不可操之过急，不要一开始就让和平型孩子参加激烈的竞争性活动，比如跆拳道等，这会让他们对户外活动产生反感。

另外，父母要利用好大自然这个天然教室。 和平型的孩子天生对大自然有一种亲近感，因为大自然中没有那么多的纷纷扰扰，可以让他们心境平和，并且寻找到一种安全感。 父母应该经常带着他到郊外尽兴地游玩，释放他全部的活力。 另外要注意的是，到了郊外不要频繁更换活动地点。

为了让孩子有勇气战胜困难，首先要鼓励孩子勇敢地面对困难，而不是一见有困难就退缩逃避。 不过值得注意的是，当和平型孩子面临困境的时候，仅仅是简单地告诉他"逃避不是解决问题的方式"或者只是一味安慰他们是起不了任何积极作用的，因为他在心里早已经为自己寻找了足够多的理由并且进行了过度的自我安慰，此时如果父母再安慰他一番，那就会让孩子以后面对困难的时候更加消极。 那么父母怎样做才能更好地鼓励孩子面对困难呢？ 最好的方法是跟孩子一起把需要面对的问题摆上台面，并给他足够的时间来正面审视这个问题，然后和他一起找出问题的原因所在。 当然，在这一过程中，家长要时刻提醒自己孩子才是主角，家长要做的是引导孩子认识到问题产生的原因，而不是一股脑把问题的根源和解决方案直接灌输给孩子。 因为找出一个解决困难的办法只是这个过程的次要目的，最主要的目的是让孩子完成一次主动思考的过程，让他学会摆脱事事都让别人拿主意的依赖性。

用简单的刺激方法是很难激发和平型孩子的斗志的。 比如有的家长可能会用其他孩子的例子来对比和平型孩子是多么的不思进取，但是他一定会找出一个很合理的理由来继续逃避问题。 其实激起和平型孩子斗志的最好方法是给他足够的时间，鼓励他说出内心的想法和想做的事情，并真诚地表示支持，而后给孩子充裕的时间去制定整个计划。 当他确定了行动计划之后，父母要向他传达"爸爸妈妈希望你能完成它"的信号，以此来鼓足他行动的勇气。 并且在他的行动过程中，父母还要随时随地地提供鼓励，做孩子坚强有力的精神后盾。

高情商家教思维

1. 观察一下，你的孩子属于温和友善的"和平型"孩子吗？

   _____

   _____

2. 如果你的孩子过于羞怯内向，你会鼓励他勇于表达自己的
   真实想法吗？

   _____

   _____

3. 当你的孩子遇到困难后开始逃避时，你会采取怎样的
   态度？

   _____

   _____

   _____

4. 在日常生活中，你会让孩子自己选择穿什么衣服、玩什么
   玩具吗？

   _____

   _____

5. 回想一下，当孩子遇到挫折时，你采用过哪些激励方式？

   _____

   _____

   _____

第五章

"注重细节的小监察员"
——完美型孩子

人格特点：责任心强，乖巧听话

　　然然是个优秀的女孩，在家里懂事听话，爸爸妈妈要求她做的事情，她全都能做得井井有条，即使有时候对父母的要求有些不满，但是她最终还是会把这些不满压在心里，因为在她的心中，父母的要求是自己应当遵循的，对父母的反抗和抱怨是错误的，是不可以的。

　　虽然然然很优秀，但是她的父母有时候还会有些担心。因为这个孩子把规矩看得过重。比如在幼儿园里，一旦发现有小朋友违反记录或者出现失误，她马上就会对那个小朋友大发雷霆，不留余地地批评他。这样做的结果就是然然俨然成了同龄人中的"小老师"，虽然是为了别人好，但是也不免引起别人的反感。

　　然然具有完美型人格的典型特征——这类孩子心中有一个崇高的道德标准，要求自己严守纪律，严格按照长辈所教导的方式做事，有人做了不正确的事情就应当被制止。

　　完美型的孩子有较高的自我要求和期待，希望自己的一举一动都无可挑剔。他们通常会强迫自己服从大人的行为标准，将长辈的期待看作是一条行为准绳。 他们永远像个懂事的"小大人"，凡事都力求做到尽善尽美，眼里容不得半点沙子，并且不允许自己做出任性的孩子气行为。 他们对同龄孩子的游戏不感兴趣，也不太合群，如果有弟弟妹妹，他们通常会扮演父母的角色，因此他们的心理年龄常常比实际年龄成熟。

他们做任何事都有自己的一套标准和原则，并且这一套标准和原则多数是建立在父母所要求的基础上的。 他们对规矩特别敏感，不允许自己做出任何越轨的行为，并且也看不惯别人不守规矩的行为。 在他们的眼里，规矩高于一切，当自己的某些想法或情绪与心中的规矩发生冲突时，他们会想尽一切办法拼命压抑住它们，否则便会陷入强烈的自我批判中，甚至会做出某些自我惩罚的行为。

同时，他们无形中也要求其他人能够像自己一样守规矩，所以常常担任"批判者"或者"老师"的角色，批评不守纪律的同学，自以为是。 如果看到其他孩子冒冒失失、调皮捣蛋，他们会从心里觉得那些孩子都不是好孩子。

完美型的孩子极具责任感，不管在哪里负责什么样的工作，他们都会速战速决，但是因为任何事情都追求完美，所以往往会用掉很多时间。 但是当有些事情付出了努力仍然没有成效的时候，他们就会失去面对困难的勇气，倾向于放弃；一旦有些事情不适合自己就会停止，不会再去挑战第二次；面对自己不擅长的领域，他们会畏首畏尾，不敢轻易尝试；如果他们觉得某一件事自己做不到完美，达不到极致，从一开始他们就不愿意去尝试这种事情。

对于完美型的孩子来说，最大的痛苦来自别人的批评。

因为他们骨子里对正确的追求是永无止境的，所以一旦事情没有达到自己的预期，他们就会进行严厉的自我批评，如果在这个时候又遭到别人的批评，那无异于火上浇油，这样完美型的孩子就会陷入深深的自责中不能自拔，这对他们的心理健康是非常有害的。

此外，完美型孩子处事客观，克制力强，所以过分的紧迫感和责任感会让他们时时处于紧张状态，很难像其他的孩子那样天真烂漫。

完美型孩子总是努力按照师长的要求来做，并希望以此来换取父母的爱。在他们的潜意识中，只有事事做到最好，别人才能喜欢自己，所以长辈要经常夸奖孩子，千万不要对他们说："失误是不对的，是不允许的！"这会让孩子在无形中钻完美主义的牛角尖，学不会变通。

性格枷锁：规矩高于一切，过于追求完美

完美型孩子从很小的时候，就是个"小大人"。例如在幼儿园里，如果老师对小朋友们说："大家乖啊，把手背在后面坐好。"有的小孩调皮捣蛋，爱搞小动作，但完美型的小孩绝对不会这样做，他会一直背着手乖乖地坐在那里，如果有人不听老师的话，他还会举手向老师报告，提出自己的批评。

在完美型孩子的眼里，规矩就是一切，任何破坏规矩的行为都是不允许的，所以他们也时刻审视着自己以及周围的人和事是否符合自己的标准，加上过于追求完美极致的个性，他们时刻处于一种紧张的状态中。

一个完美主义者曾经这样描述自己小时候的状态：

我是个很认真的人。上幼儿园大班的时候，老师会要求我们把幼儿园的一些通知带回家给家长签名，表示看过了。可是如果看到爸爸妈妈的签名是歪的，我就会没来由地想要对自己生气，要求他们重新签名。

但凡完美型孩子"看不过去"的事物，他们都会拿出来品

评一番，这是完美主义者的特征之一。 完美型成年人每次遇到一件事或是一个人的时候，总是会很自然地拿出他心里那把标尺把眼前的人或事衡量一番，做出比较。 如果比较的结果是比较对象符合或超出他的标准，那么完美型人会认为这是"应该"的，并不会因此而说出任何赞美的话或者表现出激动的心情；但是如果所比较的对象没有达到他的标准，那么他会产生强烈的想要批评这个对象的冲动，如果环境允许，他会直截了当地提出批评，甚至会不顾对方的感受，使用非常激烈的言辞。 这是完美型人的性格惯性。

同样的，完美型孩子也是个"小批评家"。 在很小的时候，他们心里的标准和规矩可能是父母或其他长辈建立的。随着年龄慢慢增长，与同龄人相比，他们会较早制定出自己的一套标准。 当身边的家人、学校的同学和老师或者周围的玩伴出现不符合他们标准的行为，或者是有他们看不过去的事情发生时，他们绝对不会容忍，会不留情面地直接指出来。 因为他们认为遵守规则是一件理所当然的事情，所以他们批评别人的时候不会有任何感受，也不会留意别人的感受，因此完美型孩子常会给别人留下一种"不近人情、吹毛求疵"的印象。

完美型孩子很少知道自己真正想要从生活中得到什么。因为他们只知道去做正确的事情，却不知道自己想要做的事情。 他们总是有不满的感觉，这种不满实际上是长期的恼怒累积形成的，同时易产生不满的现象也说明了这些孩子只是为了满足别人的期望而强迫自己努力行动，而并非发自内心地想要去做这件事情。

其实完美型人格的人很容易陷入这样一种恶性循环中——发现令他们感到不满的状况时，他们会立即陷入一种恼怒的情绪中。但是这种恼怒的情绪很快就转化为一种更深程度的自责，最终他们会把这些没有达到要求的成因归咎于自己，认为是自己不够好才引起了令人不满的结果。即使他们发出怒气，也会因为发怒这件事本身而感到内疚，并为此耿耿于怀很长一段时间，觉得所有的一切都是因为自己还不够好。

所以，在这种心理状况下，完美型孩子很容易陷入一种紧张不安的情绪中，所以父母要关注孩子的情绪变化，教会他们调节情绪，放松自我，寻求一种平和的心境，让孩子健康快乐地长大。

◇ 完美型孩子的性格特点 ◇

完美型孩子注重规矩，做事过于追求完美。

开锁密码："玩就要玩得酣畅淋漓"

　　在上小学之前的成长过程中，如果孩子与父亲的关系不是很好，孩子很可能成长为完美型的孩子。

　　在亚洲的传统家庭中，父亲常常扮演着一个不苟言笑的严肃角色，很少直接向孩子表达爱意。所以东方家庭中的孩子总是有些害怕父亲。在这样的家庭中生长的孩子会认为，在父亲面前是不能追逐打闹、调皮放肆的，应该行为端正，如果让父亲失望，后果是很严重的，轻则训斥一番，重的就免不了一场皮肉之苦了。

　　另外，即使父亲很温柔慈爱，但是由于种种原因不能总是和孩子生活在一起的话，也会让孩子成长为完美型的小孩。这是因为在这些孩子眼里，父亲与一位客人并没有什么两样，他们不会对父亲产生依赖的感觉，也不会对父亲撒娇或者索要一个亲密的拥抱。两代人之间的关系产生了距离，这就会让孩子在父亲面前总是紧张，事事小心，希望做到尽善尽美。

　　为了让孩子学会放松，不要总是被规则捆住手脚，父母应该打造一个有利于完美型孩子成长的生活环境。

　　首先可以在家里为孩子打造一个能够随心所欲表现自己

的私人空间。 完美型孩子能把任何事物都整理得有条不紊，他们喜欢事物井井有条，即使是房间有些乱，他们也能清楚地记得什么东西放在什么位置，不喜欢别人进入自己的领地，也不喜欢别人乱碰自己的东西。 家长应该尊重孩子的这个性格，并且要专门为他们准备一个抽屉让他们随意摆放自己的东西，即使抽屉再乱，也不要批评孩子。

另外还要在家里营造一种轻松的气氛。 完美型孩子总是处于谨慎或者紧张的状态中，所以家长不要用过多的规矩去束缚他，因为他已经为自己设定了很多规矩而且绝不会违反，如果家长再强化规矩这一方面，孩子就更容易陷入过度追求完美的境地。 家长们吃饭的时候可以试着先说一些轻松的话题，让孩子慢慢打开话匣子，和孩子愉快地聊聊天，制造一家人的开心时刻。 另外，完美型孩子经常排斥幽默和玩笑。 其实父母应该引导他们学会用幽默和玩笑来提高自己的交际能力，可以向他们推荐一些合适的幽默童话或者漫话等等，让他们放松身心。 也可以一家人定期举办"讲笑话大赛"或者"扮鬼脸大赛"，让一家人在一起开怀大笑。 如果父母能够放下平日里的威严面孔，跟孩子一起追逐嬉闹，孩子也会感到轻松。

那么如何在活动中改善完美型孩子的性格特征呢？ 这样的孩子适合什么样的活动呢？

完美型的孩子因为本身思维方式的限制，即使在做游戏的时候也希望自己表现得最好，所以常常被规则束缚，不能尽情地玩耍。 其实当孩子因为在游戏中表现不好而自责的时候，家长可以这样对他说："宝宝是不是特别开心啊？ 爸爸妈妈看到你刚才笑得好灿烂啊！"也就是引导他们不要专注于游戏中的条条框框，而是让他们感受自己心情的放松。 时间长了他们就会明白，生活不都是快节奏的，也有闲适的一面。可以多让孩子参加一些放松身心的活动，比如捏泥巴、涂指甲等，也可以是跳舞、散步等，只要能引导孩子享受生活，游戏的形式并不重要。

所以，为了让孩子摆脱凡事都追求完美、陷于规则中不能自拔的状况，父母要经常告诉孩子："你是个好孩子。玩就要玩得酣畅淋漓，让自己快乐最重要！这样开开心心的你最可爱了！"

完美型的孩子如果能在健康的环境中成长，那么他们将来大概率会成为聪明稳重、富有人情味、有强烈责任感的领导者。

培养技巧：鼓励孩子放松，接受世界的不完美

　　完美型孩子天生有着很强的自律性，所以作为他们的父母，应当扮演孩子指导者的角色，为孩子领路和疏导孩子的情绪，而不是帮孩子制定这样或那样的规矩和目标。

　　如果你家里有一个完美型的孩子，请给予他百分之百的信心和自主权，相信他自己就可以做得很好。　但是必须要保持和孩子的沟通，随时观察他的情绪变化。　当孩子出现困惑时，要及时帮他理清头绪，解决困难。　完美型孩子为了追求完美总是会给自己施加很大的压力，所以父母要时刻鼓励孩子放松心情，去努力接受世界的不完美。

　　完美型孩子在生活中要学习的重点就是放松自我，找回内心的平静。　完美型孩子的父母可以带着孩子多去大自然里面走走，这有利于放松孩子紧张的神经。　此外，还应该让孩子尽量减少批评别人的次数，提高他们的接受能力，让他们感受到包容的可贵。　在平时的生活中，父母对待孩子的态度要积极宽容。　因为即使只是犯了一个很小的错误，这类孩子也会自责不已，所以这时候父母要做的是允许他们的言行稍微散漫些，鼓励他们去做自己想做的事情。　要用自己的宽容去影响

孩子，让孩子不再苛求自己。

完美型孩子在成长过程中由于各种各样的原因，过早地成为一个"小大人"，同时他们给自己的内心拉了一道"警戒线"，这道警戒线把本来的"小孩"死死地挡在了内心的深处。但实际上，这个内心深处的孩子却永远不会消失，即使成年后，他们的内心深处同样还是会有个爱玩爱闹、天真无邪的孩子。完美型的孩子在成长期的时候，由于强烈的责任感，放弃了发现和享受乐趣的过程，这对他们来说实在是有些不公平。所以完美型孩子的家长有义务把完美型的"小大人"重新变回一个"孩子"，让他们去玩、去闹，抛开那些生活中的条条框框，敞开心扉去感受快乐，这对完美型孩子的身心发展是大为有益的。

此外，让完美型孩子明白"金无足赤，人无完人"也是非常重要的。要让他们知道不完美才是人生的写照，要允许自己、也要允许他人有不完美之处。当他们的心慢慢变得开放时，轻松和平静的心情自然也就随之而来了。

那么怎样让完美型孩子去接受别人的不完美呢？首先就是要教会孩子学会欣赏别人的优点。完美型孩子很小的时候就感觉自己有很多东西可以教给身边的同龄人，这时候家长要提醒孩子：你可以做别人的好老师，但是不要期望别人会立刻改变，否则会给别人带来太多的压力，别的小朋友都会渐渐疏远你。要学会欣赏他人的优点，肯定他人的行为，当别人做了或说了某些你所喜欢的事情时，要去称赞他们，肯定他们，这会让你更受欢迎的。

另外，完美型孩子的最大优点就是守规矩，而最大的缺点是太守规矩。他们很容易被自己心中的"条条框框"局限，进而阻碍自己发展，所以完美型孩子的家长要有意识地培养孩子做事的灵活性，尽可能多提醒和引导他们从不同的角度看待问题，鼓励他们在做事的时候多想出几套不同的解决方案，并和他们一起去尝试每种方案的可能性。

　　一旦做某件事情失败，完美型孩子马上就会陷入强烈的自我批评中，所以完美型孩子的家长要重点培养孩子的抗挫折能力，教给他们正确面对困难的态度，告诉他们在每个人的生命中都会出现这样或那样的难题，当遇到困难时不必太过自责，只要能找到问题的根源，并调整自己的做事方式，就能解决眼前的困难。

高情商家教思维

1. 观察一下，你的孩子属于自律自制的"完美型"孩子吗？

   _____

   _____

2. 在日常生活中，你的孩子是否对你的批评非常敏感，受到批评后是否容易长时间自责？

   _____

   _____

   _____

3. 你的孩子在做事情时是否有过于追求完美的倾向？

   _____

   _____

   _____

4. 你平常对孩子是否过于严厉，导致孩子长期处于紧张的状态？

   _____

   _____

   _____

5. 为了让孩子放松，你平时常和孩子玩的游戏有哪些？

   _____

   _____

   _____

第六章

"体贴入微的小护士"
——助人型孩子

人格特点：助人为乐，甘于奉献

　　小雨从小就是个可人的女孩，很会讨巧，知道大人们喜欢什么，总是按照大人们的喜好来说话做事，常常被家里的亲戚和周围的邻居夸赞。小雨上了幼儿园之后，也特别受老师和同学的欢迎，因为她总是帮助老师和同学做这做那，是老师的好帮手、同学的好伙伴。小雨最高兴的事就是受到大家的肯定和表扬，但是，一旦她做了什么没有被别人注意到或是没有被别人肯定，她就会变得情绪低落。小雨总是觉得周围所有人都需要她的帮助，没有她的帮助是不行的。

　　小雨身上体现了典型的助人型人格特点——乖巧懂事，总是能敏锐地察觉到别人的需要，渴望得到父母和他人的爱，很在意别人的评价，总是有一副热心肠，不计付出地帮助有需要的人。

　　助人型的孩子性格温和友善、随和，乐善好施，能主动帮助别人，是个热心肠。　他们总是细心地照料同龄的小朋友或者弟弟妹妹，他们希望自己所爱的人都能够幸福快乐，为了这个目标，他们不争不抢，总是自我牺牲。 而他们也在自我牺牲与奉献中得到精神上的满足。

助人型孩子很注重朋友，喜欢时时刻刻都与朋友待在一起。 他们和朋友一起游戏，一起写作业，总是积极认真地经营着自己的友谊。 他们能够设身处地地为朋友出主意，想办法，排忧解难。 他们这样的行为能够得到朋友的好评，而这些好评也是助人型的孩子最看重的。

助人型孩子非常乖巧，知道如何能让别人高兴，能迅速发现自己身上吸引他人的地方，还能针对不同的成年人做出不同的表现。 他们对父母体贴孝顺，总是尽力让父母高兴，照看宠物，关心弟弟妹妹，对谁的请求都有求必应。 他们天生就有一种引起人们怜爱的天分，和朋友聊天的时候，他们会把别人喜欢的说话方式和话题时刻记在心里；和长辈说话的时候，也知道如何控制自己的言谈举止，让自己得到长辈的喜爱。助人型的孩子大多开朗外向，总是让人心情愉悦。 他们喜欢在众人面前做一些滑稽的表演或者唱歌跳舞等，来引起别人的注意，并以此来博得大家的好感。

助人型的孩子对于别人的需求特别敏感，总是希望自己能够成为别人生活中不可或缺的同伴或者帮手。 在助人型孩子的心里，他们最渴望得到的就是别人的爱，但是他们的世界观是"想要获得爱，就必须要有所付出"，因此他们会认为只有用自己的付出满足他人的需求之后，才能换得别人的爱，换得自己在他人心中的一个重要的位置。 让他们最感到满足的事情就是看到自己的付出得到别人的肯定，这会激起他们心里强烈的成就感。

从自我认知方面来看，助人型的孩子对自我的感觉来自他人的反应。 绝大多数情况下，别人的赞许能够激发他们做出最出色的表演，而他们也知道自己迎合他人是为了确保获得他人的爱。 他们会把自己分成若干份，每一份都分给了不同的亲人、老师和伙伴，但是很难有人能完整地看到他们到底是什么样子。 因为助人型孩子从很小的时候就存有这样一种认知——要获得爱，就必须把不被接受的方面隐藏起来。

助人型孩子对他人的批评十分敏感，内心很容易受到伤害。 这类孩子心思细腻，情感起伏很大。 他们对长辈的训斥非常敏感，同时如果朋友对自己不够关心，他们也会认为自己遭到了背叛，会产生一种灰心丧气的感觉。 如果他们实在无法忍受，也会不顾自己以前的形象大发雷霆。 助人型孩子虽然以帮助他人为己任，但是他们也需要别人用良好的评价来回报自己。 如果对方没有像自己期待的那样感激和重视自己，他们就会失落甚至不悦。

实际上，助人型孩子的心理是希望用自己的乖巧赢得别人的爱，然后用这种爱作为武器去干涉对方。

性格枷锁：牺牲自己满足他人，拒绝求助

　　助人型孩子总是把别人的需求摆在第一位，这源于他们的价值观——付出是获得爱的唯一途径。　他们觉得想要从别人那里获得什么，就必须先要有所付出。　要想被大家喜爱，就必须被别人需要。　他们很害怕被众人排斥和忽略。　为了引起别人的重视，占据在别人心中的位置，他们甚至会以牺牲自己的需要和感受来不计一切地去迎合和满足别人。　久而久之，他们心中就形成了一道自困的枷锁，把自己的真实感受和需要深深锁在了里面。

　　助人型孩子往往过于重视他人眼中的自己。　为了得到别人的爱，他们很小的时候就学会把自己最好的一面呈现给别人。　为了保持良好的人际关系，他们甚至会不惜牺牲自我，努力改变自己去帮助他人，所以助人型孩子所说的话、所说的事往往是出于取悦他人的目的，一般情况下人们很难从助人型人格的人嘴里听到批评和不满的话。　很多时候，他们为了做好别人眼中的自己，常常牺牲掉了那个真正的自己。

此外，助人型孩子无时无刻不在侦查别人的需要并及时予以帮助，满足他人的需要可以让他们获得最高层次的满足感，有些时候为了得到满足感，他们甚至可能会主观臆想出别人的"需要"并出手相助。这其实是出于一种满足私欲的自私心理，但是他们是绝不会承认自己是自私的。

　　助人型孩子的行为模式是通过热心帮助别人来肯定自己，从而让家长、朋友接纳欣赏自己。所以当有人向他们请求帮助时，他们自然开心不已，也会有产生自豪的感觉。但是，他们在别人身上投入的时间和心力越多，希望得到的回报也越多，而他们希望看到的回报方式只有一种，那就是对方只亲近和喜欢自己一个人。这也就反映出了助人型孩子内心强大的占有欲。一旦对方的表现不像他们所期待的那样，他们便会感到失望，甚至还可能向对方施加压力，试图控制别人。

　　助人型孩子太爱帮助人了，这种性格难免给人"帮倒忙"的感觉，或是帮了忙，他人不领情的时候，助人型孩子反而会产生极度的失落感。因此这类孩子的家长一定要告诉他们帮人要适度的道理。可以让孩子在每次要帮助人之前先冷静地想一想，确定对方是否真的有此需要以及是不是真的希望得到帮助。此外，家长还要给孩子打一针预防针，告诉他如果提供了帮助对方却没有领情的话，他要如何对待。提前做好这种心理预期和调适工作，可以很好地缓解孩子在心理上的失落感，使他能够保持积极良好的心态。

　　另外，作为助人型孩子的家长，应当引导孩子勇敢面对真实的自己，打消他们怕给人留下不好印象的顾虑，鼓励他们诚实地表达自己的真情实感。 最主要的是要让孩子明白，每个人都有自己的优缺点，没有必要为了迎合别人而隐藏自己的缺陷或者压抑自己的情绪，同时还要多肯定他们，让他们感受到来自家长的爱，这可以提升助人型孩子的安全感。

开锁密码："你的存在就是最珍贵的礼物"

　　助人型孩子的后天性格是怎么形成的呢？研究表明，在6周岁之前，如果爸爸很爱孩子但是爱的方式不正确的话，很容易让孩子成长为助人型性格。孩子虽然理解爸爸的爱，但是因为爸爸爱的方式不恰当，所以孩子不能轻易接受爸爸的爱，对爸爸的感情有爱有恨，十分复杂，对于这种复杂的感情他的内心还会有一种负罪感。

　　由于这种负罪感，他们总是想补偿父亲，同时又想得到父亲的爱，所以就会对爸爸的需求特别敏感，时间长了，他们就变得特别善于发现别人的需要，并形成热心帮助别人的性格。

　　每个助人型孩子的身上仿佛都装有一个敏锐的雷达装置，随时侦测目标人物的需求。他们最大的成就感就来源于满足他人的需要并得到他们所期望的回报和反馈，而最怕的就是被别人拒绝，因为这不但会伤害他们的"面子"，还会折损掉他们的"私心"，也就是通过帮助别人以获取爱的目的。

　　虽然助人型孩子乐善好施，但是也存在强迫别人接受他们好意的模式或标准，这也会让他们通常变得以自我为中心，失去理性。值得家长注意的是，孩子最大的问题就是常以他人的需要为首，而忘了自己真正的需要，并且他们很怕向别人说出自己的需要，因为他们会认为那样的自己是无能的，而且会削弱自己在他人心中的地位。

那么，父母应如何帮助助人型孩子解开人格中存在的枷锁呢？

首先，助人型孩子的家长扮演的应该是安抚者的角色，不要对孩子过分严厉。比起其他的孩子，父母应该对助人型孩子倾注和表达更多的情感，同时还要安抚孩子时时刻刻都想要通过付出来获得爱的焦躁不安的情绪，抚平他们由于没能得到回报时所产生的失落、难过的心情，并及时拔除他们因为心理失衡而产生的嫉妒的毒瘤。

助人型孩子对爱的渴望极其强烈，他们所做的一切都是为了获得爱。因此家长的肯定是激励他们的良药。如果你有一个助人型孩子，那么就千万不要吝啬你的爱意，只要告诉他你爱他，不管他做什么或是有什么缺点，你还是一样爱他。告诉孩子："你的存在就是上天给我的最好礼物，而不是因为你做了什么事情我才会喜欢你。"你要让孩子真切地感受到你对他的爱是无条件的。只有源源不断的肯定，才能鼓舞助人型孩子勇敢地面对真实的自己，说出自己的需求和想法。

此外，助人型孩子最在乎的就是自己能否给他人留下一个好印象，所以当着别人的面批评他，甚至只是稍微严苛的教导，对他们来说都是一种可以摧毁心灵的打击。身为家长，绝对不要在人前批评助人型的孩子，更不要当着孩子的面把他和别的孩子做比较。要记住，对助人型孩子的一切教导都要放在"幕后"进行，也只有这样的"幕后"教导，才会收到良好的成效。

助人型孩子总是担心别人受到伤害，所以很少表达自己的真实想法。长此以往，他们会渐渐忘掉自己的需求。父母应该常常询问他们是否有喜欢的东西，让他们养成不盲从、勇于表达想法的习惯。当助人型孩子直言不讳地说出一句话或是出现了"一反常态"的直言行为，家长一定要及时给予鼓励，因为他们能出现这样的行为必然是克服了内心"想要做好人"的强大压力的。家长及时的奖励对他们而言非常重要，这有利于培养助人型孩子正直诚实的性格，防止他们走进阿谀奉承的误区。

培养技巧：告诉孩子爱别人也要爱自己

　　助人型孩子非常愿意分享，他会拿着爸爸妈妈给他买的零食、玩具等与同学或者邻居家的小朋友一起玩，如果玩伴玩得很开心或是很高兴地接受了他递过来的东西的话，那么助人型孩子就会显得非常开心，手舞足蹈。如果对方表示拒绝的话，那么他就不高兴了："这么好的东西你都不要？"

　　助人型孩子最懂得如何表现自己来获得他人的欢迎，但这种迎合有时就会成为他们的负担，因为他们并不是心甘情愿地牺牲自己的。可以这样说，助人型孩子是舞台上的演员，他们所展示的只是别人想看到的，而不是真正的自己。他们可以扮演不同的角色，但这些不同的角色也会让他们产生混乱。他们常常会陷入一种深深的困扰中，会看不清到底哪一个才是真正的自己。

　　助人型孩子最容易被自己的"好"所拖累，所以作为他们的父母，最重要的就是帮孩子卸掉"行善"的包袱，引导他们多去关注自己的真情实感和内在需要，提醒他们帮人也要有底线，永远不要为了帮助别人而让自己陷入负面的情绪，防止他们在付出与回报的权衡中迷失自我。

　　要避免孩子活得太累，助人型孩子的家长就要教孩子几招委婉拒绝别人的技巧，并且在传授拒绝技巧的同时，还要给他们讲讲为什么要拒绝以及拒绝可能带来的后果，这样就能让他们产生一个心理预期，提高他们对可能产生的后果的心理承受能力。当然，父母要明确告诉孩子，有的时候，拒绝不一定表示自己"不好"，也并不会由于你的拒绝而损坏了你在他人心中的印象。总而言之，要扫清孩子的一切潜在顾虑，让他勇敢地去行动。

　　父母还要告诉孩子帮助别人和干涉别人的区别。助人型的孩子总是想帮助别人，但有的时候热心过度，可能会好心办坏事。他们还可能为了"帮助别人"而打断别人的谈话或者是随便乱动别人的东西，让人厌烦。因此父母一定要告诉他们哪些行为是真正的助人行为，哪些行为是干涉别人的行为。

　　助人型孩子非常看重与他人的相处，喜欢时时刻刻与朋友待在一起。其实这类孩子的父母也要教会孩子享受独处的时光，让他们懂得独自一人也可以生活得有滋有味，这同样是一个人必须具备的生存能力。独处时，可以让孩子安静地审视自己的内心，整理思绪。同时也可以培养他们的自立意识，减轻孩子一味盲从朋友的倾向。父母可以给孩子规定一个"独自游戏"的时间，在这段时间里让孩子玩他们自己感兴趣的游戏，如果孩子在这段时间过得很有意义，父母一定不要吝啬自己的夸奖。

如果助人型的孩子能够在健康的环境下成长，具备健康的心理状态，那么他们会成长为善解人意、谦虚谨慎的人，一个值得信赖的可以全心全意帮助他人的人。

高情商家教思维

1. 观察一下，你的孩子属于热心善良的"助人型"孩子吗？

   _____

   _____

2. 孩子乖巧懂事，无限度地满足别人的要求。你认为这样的
   性格好吗？为什么？

   _____

   _____

3. 在日常生活中，孩子是否热衷于帮助别人？你对此持怎样
   的态度？

   _____

   _____

4. 你的孩子是否平常习惯压抑自己的情绪？你是否会引导孩
   子主动表达自己的真实感受？

   _____

   _____

5. 当孩子表现出焦虑不安的情绪时，你会采取哪些安抚的
   方法？

   _____

   _____

第七章

"聚光灯下的主角"

——成就型孩子

人格特点：讲求效率，积极进取

　　成就型人格的特征是：积极进取，精力充沛，讲求效率，重视成就和表现，注重个人形象，爱以优胜劣败来看待自我价值的高低，希望成为大家的焦点，乐于接受挑战。

　　成就型孩子的性格和身体都很活跃，身体以及脑部的发育比同龄人略快。当同龄的小孩还在蹒跚学步的时候，成就型孩子很可能已经在稳步行走了。在成就型孩子的心中，他们认为受到夸奖往往是因为自己的所作所为以及取得的成就，而不是他们自己。随着年龄的渐渐增长，他们会逐渐认识到，获得他人的认可和爱的途径是要有成功的表现，因此他们学会了如何去进行自我推销，如何把自己塑造成他人需要和认可的理想角色。的确，成就型孩子往往是有能力的，只要他们愿意进入某个群体，那么他们就一定有办法把自己变成这一群体中的"明星"。例如，当他和优秀的小朋友在一起的时候，他们就会按照他们的水准来调整自己，所以无论他们身处怎样的团体中，他们都不会成为可有可无的边缘人物。

　　成就型孩子特别喜欢学习，其他类型孩子的家长可能或多或少都会面临孩子不爱学习的难题，但是这类孩子的家长完全不用担心这个问题，因为他们完全不用家长的督促，就会乖乖地拿起书本主动地去学习了。只要是成就型孩子认为符合他目标的学习内容，他就会努力认真地去学，当然，他学习的目标也是取得好成绩来满足他的成就欲望——得到老师和家长的夸奖以及同学们的羡慕。

成就型孩子大多数学习努力，成绩优异。他们思路清晰，组织能力强。即使他们对学习不是很感兴趣，他们也能在其他方面锋芒毕露。他们通常多才多艺，适应力强，有闯劲，常常希望自己在所有领域都高人一等。所以，成就型孩子总是一副胜券在握又忙忙碌碌的样子。

成就型孩子是实用主义者，特别在意自己人前的形象，虽然在家的时候可能仪表不整，但是一出家门一定很光鲜靓丽。成就型孩子非常在意自己在别人眼中的形象，举手投足大方得体，有强烈的自我表现欲望。他们喜欢让别人看到自己好的一面，喜欢出风头，而且富有激情，喜欢跟人打成一片。成就型孩子的目标感很强，他们通常能够把握住通往成功的机会，并且无所畏惧，勇往直前。但是如果你说他们有野心，他就会不太舒服，矢口否认；当你把"有野心"换成"有远大理想"的时候，成就型孩子就会开心地承认"本来就是"。成就型孩子是乐观的，凡事喜欢往好的方面看，这是非常好的。

不过成就型孩子也有自己的缺点，那就是他们有时候过于自信，甚至演变为自负，常常出现自吹自擂的情况。他们有时候会忽略朋友之间单纯的友谊，而只是想要表现出强烈的好胜欲望，在不如自己的朋友面前趾高气扬。所以，他们身边的朋友有时候会对他们敬而远之。 他们还有一定的自恋倾向，总是认为自己是最出色的一个。 当第一名的"皇冠"出现在别人的头上时，他们就会感到内心遭到了重创，认为自己是一个失败者。

性格枷锁：嫉妒心强，爱出风头

灵灵是个爱美的女孩，从小就有个明星梦。小的时候，她总是喜欢穿上妈妈给买的漂亮裙子，站在客厅里唱歌跳舞，要求爸爸妈妈和爷爷奶奶必须要围着她，做她的观众，并且一定要在她表演完给她最热烈的掌声，否则她就撅着小嘴闹脾气。

成就型孩子的终极梦想是做别人眼中成就不凡的人，他们需要通过别人的赞美来获得内心的安定，并且认为这种赞美取决于自己做了多少努力，而并非自己是谁。例如，这类型的孩子想要讨得父母的喜爱，他一定会努力学习争取全校第一的好成绩，或者是当着父母的面积极主动地做家务。他们从来没有想过自己获得父母的爱只是因为他们是父母的孩子，只有当自己获得了耀眼的光环时他们才觉得父母是爱自己的。

不可否认的是，成就型孩子的行动力是非凡的，他们做事讲求效率，非常懂得专注于能体现出自己潜能的东西，因此他们会是极其出色的实干者。成就型孩子在行动时似乎总有使不完的劲，他们的能力和竞争力确实很强，不仅能坚持完成自己的任务，还在集体活动中以高亢的热情和勤奋的态度激励所在团队的每一个人，进而提高整体的士气。

此外，成就型孩子还是极具启发性的交谈者，能够激励他人勇挑重担，坚持将事情出色地完成。也正是因此，成就型孩子在人群中具有很强的吸引力，很容易吸引身边的人。他们最聪明的一点还在于能够准确地知道如何去吸引他人，如何让他人对自己感兴趣。他们就像一块磁铁，身上散发着一种引人注目的绚丽光芒。

没有成就、不被认可是成就型孩子最害怕的事情。如果有人说成就型孩子一事无成，那么他的内心就会受到严重的伤害，产生一种挫败感。成就型孩子认为只有荣誉和成就才能体现自己的个人价值，他们把自己的价值体现在获得的鲜花、掌声、头衔和光环上。换句话说，成就型孩子就是把自己的个人价值建立在了别人的价值观上，通过获得别人的肯定来肯定自己。他的基本欲望是被大家接受。如果他们有了成就，大家一定要给他掌声，这样他才会感觉舒服；如果大家都不知道他取得了成就，那么他就会感觉很不开心。也正是因为如此，成就型孩子会渐渐地忘记自己的情感，一心想要用出色的表现来获得他们需要的爱和肯定，换句话说，就是他们喜欢用出风头来赢得别人的喜爱，这对他们的健康发展是很不利的。

成就型孩子很喜欢争强好胜，喜欢不断地推动自己向前走，在他们眼里没有"退缩"这个词。他们喜欢接受挑战，会把自己的价值与成就连成一线。在追求成功的过程中，成就型孩子未免会显得有些急躁，做事缺乏深思熟虑，所以也可能会出现事倍功半的情形，这自然会严重影响成就型孩子的健康成长。

当成功的光环没有戴在自己头上，他们往往会对成功的那个人表现出极强的嫉妒心，他们会变得非常急躁，显现出躁郁型性格的行为方式，疯狂想要获得成功。 如果实在做不了有成就的事，他们也可能会做一些不好的事情来博得大家的关注。 如果他们的成功可能会被其他的人、事、物干扰的话，那么他们一定会排除所有干扰，为了达到这个目的甚至会不择手段。 这个过程中的行为，很可能会对他们的发展造成极其不利的影响。

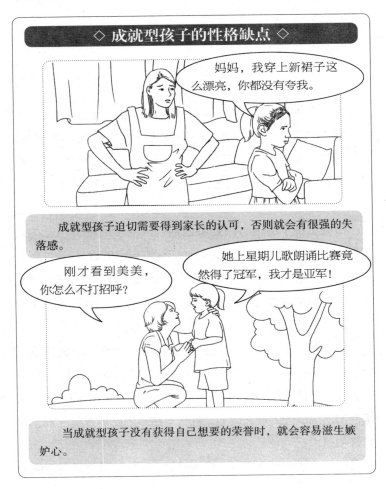

开锁密码："妈妈爱的是你，跟成绩无关"

　　　　有个成就型的女孩非常崇拜她的爸爸，因为她爸爸在工作中取得了很多奖项，这些大大小小的奖状奖杯都摆在家里显眼的位置上。每当她看见这些奖状奖杯时，她都会在心里对自己说：我一定要努力做好每一件事，争取像爸爸一样有成就，这样爸爸就会更爱我了！

　　成就型孩子的内心深处早已把他人给予的爱与自己的表现画上了等号。父母的肯定是他们认识自己的途径。成就型孩子在心里对给予自己关心照顾和肯定的家长是极其认同的，他们常常会主动找出这位家长对自己的期待，然后尽力达成它，以此来获得更多的肯定和关爱。

　　成就型孩子在小的时候，由于非常渴望家人的赞许或认可，他们会将家人的喜好与期待内化为自己的行为标准和目标。他们希望看到家人为自己的优异表现出骄傲和自豪，这是他们追求成就的最大动力，甚至不在乎为此放弃自己真正的喜好和追求。

　　所以，成就型孩子在很小的时候，就已经学会把自己的价值观建立在优异的表现上。他们认为，只有靠自己不断努力，做出令人满意的事情，才有可能获得家人的爱。换言之，他们觉得家人之所以爱自己，不是因为自己是这个家庭中的一分子，是爸爸妈妈的孩子，而是因为自己有优异的表现和卓越的成就。

为了修正成就型孩子的这种错误观念，父母应当经常这样对他们说："做最真实的自己，即使你不是最出色的，也是最可爱的，因为我们爱的是你，不是你的成绩。"父母要告诉自己的孩子，即使他们没有得到赞赏，没有拿到第一，父母对他的爱也不会因此而减少一分。父母要随时向孩子传递这样一种信息："我为你自豪，即使你做得不好，我还是以你为骄傲，因为你是我们独一无二的宝贝。"

在培育成就型孩子的过程中，家长要注意一定不要拿他和别人做比较。成就型孩子最怕的就是被别人认为没价值，而把他与别人进行比较的行为都可能会使其受挫，所以成就型孩子的家长最好不要拿他们与别人做任何比较，更不能拿别人的优点对比他们的缺点，这会让他们感到十分沮丧，甚至可能会出现极端的想法和倾向，做出既不利己也不利人的事情。

由于成就型孩子太在乎能否做好家人眼中优秀的自己，所以当自己的真实感受与家人的要求产生矛盾时，他们会调整自己来配合家人，并且家人的性格越不好，他们就会越小心翼翼，抛弃自我的程度也就越深。

另外，要注意的是，即使自己的孩子的确非常优秀，也不要在别人面前夸耀孩子的成绩。如果孩子总是得到称赞，就会渐渐地把别人的关注看得越来越重，那种不正常的追求成就的心理就会得到强化。而一旦某一次没有做到最好，他的内心就会产生失落的感受。 成就型孩子本身就很刻苦努力，重视自己的成绩。 在这样的情况下，如果父母还是十分重视成绩，那么就会给孩子造成不必要的心理压力。 在孩子已经非常重视成绩的情况下，父母不要再给孩子加压，而是应该试着淡化成绩在孩子眼中的重要性。

同时成就型孩子喜欢为自己设定目标，而这些目标往往超出他们自己的能力范围，一旦没有办法实现，他们就会把责任推到他人身上或者找其他借口，还会产生强烈的挫败感，这很容易诱发他们愤恨的仇视心态。 所以，家长要尊重孩子的能力，不要做太多的干预，对他们的期待要适度，同时还要注意帮助他们把目标调整到合理的范围内，让这个目标可以通过努力去实现。

培养技巧：让孩子正确认识成功

一位成就型人格的人曾经讲述了这样一次经历：

我刚上幼儿园的时候，有一次跟着园里的舞蹈团做汇报演出。因为我个子太小而且跳得也不熟练，所以就被老师安排在了最后不起眼的角落里。当时我就想，我一定要站在最前排，让所有观众都能看到我。为了这个目标，我偷偷地练习了半年。当我终于被老师调到第一排，站在舞台上接受台下热烈掌声的那一刻，我激动得差点流下眼泪来，因为我终于成功了！

成就型孩子通常是活在众人的眼光和虚拟的内心世界两种环境里，他们坚信只有表现得最好才能展现自己的个人价值，而唯有获得成功才能令自己的人生更有意义。但是他们对成功的定义常常是非常简单的，那就是获得别人的关注。为了达到这一目的，他们追求时尚吸引别人的眼球，他们树立很高的目标并且为了这个目标不断努力，他们甚至不惜利用朋友间的友谊来获得别人的关注。

成就型孩子的性格惯性促使他们热衷于追求成就感。他们会朝着目标勇往直前，在过程中遇到的任何阻拦和妨碍他们达成目标的人和事都会被他们一一解决掉，这当中自然也包括他们自己内心的感受，特别是负面情绪。 他们解决负面情绪的办法就是自欺，最常见的一种情况就是他们为了塑造成功者的形象从来不肯承认自己的失败。 如果你对一个成就型孩子说他的某种做法是失败的，他一定会运用聪明的头脑选择另外一种途径来证明他是可以达到目标的。 但是这样的自欺情绪，会让成就型孩子很难面对真实的自己，让他永远活在自己的谎言中无法自拔。 实际上，成就型孩子的潜意识是拒绝接受真正的自己的，与此同时他们还会把所有的精力都倾注在修饰自己的完美形象上。 但是，他们并不愿承认这种修饰行为，他们会形容这只是"换一种方式而已"。 不过这种行为在别人眼里，就是一种哄骗或吹嘘的感觉。 显然，如果在交往中给人留下这种不好的印象，是很不利于人际关系的拓展的。

为了改变成就型孩子对于成功的错误认识，父母可以从以下几方面帮助孩子，从而让他们更好地适应社会：

首先要教会孩子以平常心看待得失。 作为成就型孩子的家长，你应该教育自己的孩子拥有一颗平常心，让他知道人不可能永远是胜利者，不能因为一次的失败而气馁。 成就型孩子通常无法忍受失误和失败，因为这会让他们陷入绝望中不能自拔，仿佛自身的价值在一瞬间消失殆尽。 这时候，父母应该让孩子明白别人不会因为一次失败而否定他，只要他努力了，就是对自己的最好证明，同时也要告诉孩子失败也是成长的必经之路。

此外，在教育成就型孩子的过程中，应该告诉孩子过程比结果更加重要。 称赞孩子的时候，不要笼统地夸奖孩子说："你是最棒的！"而是应该针对孩子的某一个具体的行为或事件告诉孩子他哪里做得出色；不要过分强调结果，要表扬他努力的过程。 成就型孩子喜欢参加一些能够有胜负之分的活动，其实父母可以引导孩子去参加一些与竞争无关的纯粹帮助别人的活动，让他们理解这样没有胜负的活动也是很有意义的，在这样的活动中也可以收获快乐，比如可以让他们去参加一些社会义工活动或者和小伙伴一起去野营、排练话剧等需要合作的活动。

最后父母要注意的是一定要端正孩子的竞争心态，让他们养成正直和公平竞争的品行。 成就型孩子的内心时刻都存有一份竞争的心态，恨不得所有的事情都能与他人一较高下，有的时候为了达到目的甚至会不择手段。 身为成就型孩子的家长，应该从他小时候就有意识地端正他的竞争心态，告诉他竞争的目的是锻炼自己、提高自己的能力，而不是为了获得第一。

如果成就型的孩子能够在健康的环境下成长，他们大多能够成为能力出众、能向着目标脚踏实地努力的人，他们能够尊重别人，同时也能赢得别人的尊重。

高情商家教思维

1. 观察一下，你的孩子属于积极进取的"成就型"孩子吗？

   _____

   _____

   _____

2. 在日常生活中，你会采取什么办法帮助孩子分清自信与自负？

   _____

   _____

   _____

3. 当孩子表现出爱嫉妒、好攀比的苗头时，你会采取什么措施予以矫正？

   _____

   _____

   _____

4. 如果你的孩子因为想得到你的表扬而放弃自己的爱好，你会怎么做？

   _____

   _____

   _____

5. 在日常生活中，你更在意孩子做事的过程还是结果？

   _____

   _____

   _____

第八章

"多愁善感的林黛玉"
——浪漫型孩子

人格特点：情感细腻，想象力丰富

阳阳和朵朵是一对人见人爱的双胞胎姐妹花，家人、邻居和老师都觉得姐妹俩一样漂亮一样可爱，但姐姐阳阳却并不这么认为，她总觉得妹妹性格乖巧，比自己更受大人欢迎，而且总觉得即使是一样的衣服，妹妹穿着也比自己好看。慢慢地，她就变得有些闷闷不乐了。

有一次，朵朵发高烧，妈妈在她身边照顾了好几天，晚上还搂着她一起睡觉，阳阳看着满脸焦急细心照料朵朵的妈妈，便跑到厕所里哭了起来。后来她说，当她看到妈妈照顾朵朵的时候突然觉得特别害怕，她觉得妈妈只爱朵朵一个人，自己被妈妈抛弃了。

阳阳是一个典型的浪漫型孩子——敏感，情绪化，占有欲强，害怕被人拒绝，容易沮丧或消沉，爱和他人做比较，常常产生被遗弃的感觉，既重视又害怕人际交往，富有幻想和创造力，乐于追寻生活的美好。

浪漫型孩子从小身上就散发着一种浪漫的气质，他们自认为是优雅的小公主或者是风度翩翩的小绅士，他们的身体语言十分优雅，动作很慢，语调柔和，措辞小心翼翼。 其他类型的孩子小的时候都可能会出现调皮捣蛋的现象，但是浪漫型孩子很少会有什么大动作，说话也是慢条斯理，从来不会用大嗓门去喊。

浪漫型孩子是非常感性的人，他几乎每分每秒都在用心感受周围的一切，因此他们的情感就显得更为细腻，更容易将外界的事物延展到一个大多数人都看不到的层次，这一过程充分展现了他们的创造才能。 思想浪漫富有创意，拥有敏锐的感觉和独特的审美观，为这个世界增添了独特的色彩，这是浪漫型孩子的强项。 他们总是想要创造出独一无二、与众不同的形象和作品，所以总是在不停地自我察觉、自我反省以及自我探索。 他们认为自己具有创造美好事物的责任与义务，并且相信自己有能力可以做到，所以他们一直在努力地脱离平凡，以达到在这个世界上生存的意义。

除了细腻的情感和丰富的想象力这些优点之外，浪漫型孩子很容易陷入嫉妒的负面情绪当中。 他们产生嫉妒心的直接原因是他们不明白为什么别人能够得到幸福而自己却不能。

因为情感细腻敏感，所以他们很容易发现自己和别人不一样的地方，如果别人有而自己没有、偏偏那又是自己很想要的东西时，浪漫型孩子就会忍不住羡慕甚至是崇拜对方，更严重的就会发展出不正常的嫉妒心理。 当浪漫型的孩子起了嫉妒心，他们不会像某些类型的孩子那样去中伤或是诋毁他人，比如向老师或父母说他嫉妒对象的坏话，他们的做法是陷入更深的忧郁中难以自拔，因而更难合群，更深地将自己与外界隔阂起来。 而浪漫型孩子的这种心思别人很难猜出来，只会觉得他们性格很奇怪，最后导致别人更不愿意与他们过多接触。

性格枷锁：性格孤僻，喜欢独处

一个浪漫型人格的人曾经这样回忆自己的小时候：

我小的时候不喜欢运动或者室外活动，也不喜欢和小朋友们一起玩。大多数时候我都是待在家里看看书打发时间，有时候看到感人的童话还会泪流满面。经常是我自己玩到很晚才去睡觉。

浪漫型孩子大多数性格内向，喜欢独自一个人做事，总是尽量减少和他人相处的时间，总是沉浸在自己天马行空的想象世界里，或者总是思考解决问题的办法。当然，也有些浪漫型的孩子性格外向，但是他们虽然能够和朋友融洽相处，却不会向朋友敞开心扉，表面上看来他们和朋友有说有笑，但是他们内心却感觉自己是游离于群体之外的一个孤独的个体。

浪漫型的孩子表面上看来非常情绪化，常常给人以捉摸不定的感觉，他的喜怒哀乐变化非常明显，常常发生于一瞬间，而周围的人通常跟不上他的思维，不明白他为什么突然就好像变了一个人一样。此外，浪漫型孩子总是摆出一副事不关己的懒散姿态，就好像外界所有的事情都与他无关一样。浪漫型孩子会让人觉得他是一个怪脾气的人。

实际上，浪漫型孩子是一个矛盾体，他们一方面觉得自己很难沟通却渴望他人能了解自己，另一方面又不屑去为自己的世界观和感受对外界做出任何解释，于是就显得非常情绪化，令人难以亲近，给人留下怪脾气的印象。其实这种孤僻的怪脾气不过是浪漫型孩子用来掩饰自己的保护膜，他们最害怕的就是自己没有特点，和其他人没有区别。要他们去承认自己只是一个平凡的人太困难了；而且他们觉得就算自己表达出了自己的想法，其他人也绝对不会明白。所以他们干脆放弃了表达，藏在自己的世界里，与世隔绝。

由于浪漫型孩子对世界的看法，他们常常会感到别人唾手可得的幸福对他们来说遥不可及，而这一切都是因为自己是一个存在不足的人，他们总觉得自己是被这个世界遗弃的，并为此感到郁郁寡欢，这种情绪别人很难体会到，而他们又懒得去解释，最终他们就成为别人心里神秘而不好接近的对象，人们很难主动去拉近和他们的距离。

浪漫型的孩子多少还有些"艺术家的脾气"，这个特性也让他们显得不太合群，可能别的孩子凑在一起玩闹，而他则一个人静悄悄地躲在一个角落里专心干着自己的事情。随着自我意识的发展，他开始意识到自己与他人经常有不同的想法，但是其他人又不能彻底了解自己的内心，再加上他总是羡慕其他人拥有很多自己没有的东西，这令他很难在现实的朋友圈里得到满足，因此就只好顾影自怜，更深地沉浸在自己的幻想世界里。

如果浪漫型孩子遭遇了挫折，他们的自怜情绪就会变得更加严重。他们会以最快的速度返回到自己的小世界中，脱离与外界的联系，拒绝别人的帮助。他们会停止一切活动，最终彻底丧失希望，认为没有人能够理解自己的内心。

实际上，浪漫型孩子的这种孤僻和喜欢独处的特质是因为在他们的价值观中，如果他们和别的孩子一样，他们就不会得到应有的关注。而这种孤僻和独处正是能够显示他们与其他人与众不同的重要手段。所以作为浪漫型孩子的父母，当面对孩子所谓"怪脾气"的种种表现时，应当给予他们充分的理解和宽容，而不是变本加厉地去数落和埋怨他们，否则只能令孩子陷入负面情绪的恶性循环中。

开锁密码："你很可爱，好好享受每一天"

> 有个女孩在她小的时候，爸爸非常宠爱她，总是背着或抱着她到处去玩，给她洗澡，晚上给她讲好听的故事，搂着她轻轻哼着儿歌拍着她直到她甜甜睡去。后来她慢慢长大了，爸爸自然也就不会再像她小时候那样和她有过多的身体接触了，她为此觉得自己被爸爸遗弃了，无论爸爸如何逗她哄她，她还是整天郁郁寡欢。

如果换作是一个其他类型的孩子，这样的事情他可以自然而然地接受，并且也不会产生难过失落的感觉，但浪漫型孩子就会把这样微不足道的细节之事无限地放大，最终产生一种被抛弃的感觉，进而陷入一种忧郁的状态中。

如果孩子在父母消极甚至不正确的教养方式下长大，就容易感到孤独。在浪漫型孩子的眼里，自己与父母的关系是若即若离的。他们总感觉自己处于家庭的边缘，觉得自己跟谁都不像，因此就容易产生一种被抛弃的恐慌。同时他们自认为与父母的感情不深，最主要的原因是他们感觉父母看不见自己的特质，并且他们往往也无法在父母身上找到自己想要认同的特质，因此很多的浪漫型孩子产生过自己是被父母领养或者被抱错的孩子的想法。

当浪漫型孩子还很小的时候，他们就对自己的一些小缺点和自己所缺乏的东西特别敏感，总是觉得正是因为这些他们才不被父母所爱。这里要澄清的是，有一些浪漫型孩子在成长过程中可能确实是孤单的，如父母离异或父母关系不好等，但并不是所有的浪漫型孩子都真正经历过被遗弃和没人理会的事。一些成长在正常家庭的孩子，照样可能成长为浪漫型孩子。假如这个孩子有一次因为生病，所以妈妈精心照顾了他好几天。当他病好之后，妈妈自然就相对少了一点关心和照料。这其实是很正常的一件事，但是浪漫型孩子就会极端地认为妈妈不理会自己、不再爱自己了，于是被遗弃的感觉又产生了。所以，并不是所有的浪漫型孩子一定有个缺少爱的童年，只是他们在心里会把被遗弃的感受无限扩大。

如果想要浪漫型孩子健康快乐地成长，父母就要在孩子面前多多扮演朋友和知己的角色，多与孩子进行交流，尤其要注重心灵上的沟通和关怀，让孩子感到你是理解他，是能真正了解他的感受的。

浪漫型孩子有这样一种特质，就是一旦发现有人能感受他的情绪和想法的时候，他们就会产生一种心有灵犀的感觉，并且很容易与之亲近，这会令他忘记失落的感受，变得开朗起来。

浪漫型孩子的家长最好将自己的关爱源源不断地传递出来，这可以有效减缓孩子被遗弃的感觉。父母要注意的是，浪漫型的孩子天生有一种忧郁的气质，所以不要指责孩子总是有不好的情绪，也不要因此担心自己不能给孩子所期待的安全感。 只有重视起日常生活中的交流沟通和情感交融，当孩子说出他的想法时，不要过多地指责，或是过于强调自己的感受，只要他能够在父母那里获得存在感，自然就会觉得安全了。

虽然很多家长都或多或少地做过敷衍孩子的事情，但是对于浪漫型的孩子千万不要这样做。 因为其他的孩子可能察觉不到你的敷衍，但是天生敏感的浪漫型孩子很容易察觉他人的真实情绪，父母的敷衍之词对他们而言就是不爱自己的意思，这会让他们特别难受，并唤起他们内心不幸的体验。

不过，浪漫型孩子也有优点，他们在能充分感受到爱的环境中，通常会成长为有创意、内心平和的人，所以父母应该鼓励孩子："你是个美丽、可爱的孩子。 不要紧张，好好享受你现在拥有的每一天吧！"经常提醒孩子享受当前的开心状态有助于孩子忘记那些内心的忧郁，能够让他们变得乐观起来。

培养技巧：让孩子时刻感受到爱

浪漫型孩子所追求的是一种与众不同的特性，并总是倾向于以此来彰显自己。 他们最怕的就是自己和别人没什么两样。 很多时候，他们通过跟身边人比较，总觉得自己与众不同但很难被他人了解，同时还觉得其他人拥有很多自己没有的东西，所以浪漫型孩子在现实生活中总是很难得到满足。 由于在现实生活中得不到满足，浪漫型孩子就会通过幻想构建起自己的理想世界，制造出一些无人之境，从而让自己的情绪得以发泄。 因此，浪漫型孩子会显得比较情绪化，令他人难以捉摸。

浪漫型孩子对自己与别人的差异总是特别敏感，甚至会对自己所欠缺的东西产生梦幻般的向往，总觉得得不到的才是最好的。 针对浪漫型孩子这种敏感且容易自扰的性格，家长无须挑剔他们的敏感、情绪化和感情用事，而是要给他们更多的爱护和关心，让他们感受到父母的爱与支持，最重要的是强化他们这样一种观念——每个人都是完整且被爱的。

要使浪漫型孩子的情绪保持平稳，家长需要掌握一些巧妙的"脱敏法"，用来去除孩子心中敏感的刺。 最好的办法是鼓励孩子相信自己的直觉，让他们尝试各种行动，并事先帮他们扫清所有可能顾虑的事情。 需要家长格外注意的是，这类孩子不开心的时候往往会选择独自来处理不开心的情绪。 所以家长在平时生活中要多留意孩子的情绪变化，然后再进行有的放矢的引导和帮助。

此外，浪漫型孩子总是有意无意地把注意力放在遗失的美好上，而忽视眼前原本已经拥有的一切。 他们习惯破坏眼前的成就，去换取对那些还未得手的事物的向往。 这种破坏力是惊人的，无论是多么辛苦获得的，他们也不会在意，因为他们只关注生活中缺失的东西。 拥有的东西在他们眼里是毫无价值的，而他们对不属于自己的东西的渴求常常会使他们陷入不能自拔的地步，这会使他们的情绪受到干扰，也影响了他们行动力的发挥。 因此，浪漫型孩子很可能会因自己的不知足害了自己。

浪漫型孩子的不知足并不是因为他们想要的东西太多，而是他们天生的性格倾向所致。他们习惯凡事都与他人做比较，而结果往往是发觉他人所拥有的比自己好、比自己多，所以常常产生一种被遗弃的悲观心态。当家长了解孩子的这种心理机制之后，可以引导他们多去看看自己拥有的东西，用一种感恩的心态来看待身边的事物，这样可以有效避免孩子产生不良的情绪。

　　此外，父母还要引导孩子在人际交往中感受他人的爱。浪漫型孩子虽然会给人以清高的印象，但是在一对一的情况下，也能表现得可亲可爱。因为他们不喜欢很多人的聚会，所以在学校里会显得很不合群。但是在个人对个人的交往中，他们就不会感到孤单，父母可以邀请几个和孩子合得来的小朋友来家里做客，为孩子创造交友的机会。

高情商家教思维

1. 观察一下，你的孩子属于情感细腻的"浪漫型"孩子吗？

   _____

   _____

2. 如果你的孩子经常向你提一些想象力很丰富的问题，你会
   不耐烦吗？

   _____

   _____

   _____

3. 当孩子性格孤僻、不合群时，你会埋怨和指责孩子吗？

   _____

   _____

   _____

4. 反思一下，孩子是否愿意对你说心里话？ 你是否足够了解
   孩子心中的想法？

   _____

   _____

   _____

   _____

5. 记录本周和孩子的一次令人记忆犹新的对话。

   家长：_____

   孩子：_____

第九章

"理智冷静的思想者"

——思考型孩子

人格特点：沉静独立，善于思考

　　牛牛就像个小问号一样，每天都有数不清的问题，而且提出的问题都是奇奇怪怪的。比如他会问妈妈人为什么要吃饭，问爸爸为什么白天出太阳、而到了晚上却是月亮。上了小学之后，他又开始围着老师和同学问问题。但这些似乎还远远满足不了他的好奇心，于是他开始存零用钱，买来了《十万个为什么》《儿童知识大百科》等书，平时一写完作业就会打开来专心地研究，主动去寻找问题的答案。

　　飞飞是个很安静的有些内向的男孩，他很少跑出去和邻居的孩子一起玩，平时就自己闷在房间里面看书，不过他不像同龄的男孩子那样喜欢漫画、侦探故事，反而喜欢阅读一些很深奥甚至有些冷门的专业知识。他不太喜欢和家人交流，大人给他什么他都乐于接受，从来不会向家人主动要求什么，更不要说因为没有满足自己的愿望而和父母闹情绪。实际上他也喜欢和亲戚家的表兄弟玩，并也很开心很投入，但即便如此，他也很少会主动提出再到亲戚家去玩。绝大多数的时间，飞飞都保持在独处的状态中，并且自得其乐。

牛牛和飞飞具有典型的思考型人格——沉静，独立，不善交际，喜爱阅读，乐于思考却很少积极行动，愿意长时间独处，不希望被人打扰，不善于表达内心的感受，总是将自己抽离于外部世界。

这类孩子通常理解力很强，最擅长的是理论性、逻辑性强的学习研究。 他们热衷理智思考，对数据、研究结果、分析方法等特别敏锐，能够迅速从诸多混乱的材料中找出它们之间的某种关系、逻辑或者模式，因此思考型孩子的理科成绩一般比较好。

因为这类孩子总是能从自己的精神生活中找到巨大乐趣，不会为琐事浪费时间和精力，所以他们的日常需求很少，个性十分独立。 正是由于他们这种心无旁骛的专注力，使他们能够把自己的注意力从情感中抽离出来，集中精力进行逻辑思考。 如果给他们一个自由宽松的研究环境，不用其他事情去干扰他们，那么这类孩子一定能展现出惊人的思维潜力。

其实思考型孩子是九种人格类型中最容易观察出来的一个类型，因为他们的身体反应和情绪表达都比一般孩子平淡，他们的习惯性动作多是双手交叉抱在胸前，上身后倾，面部表情冷漠，喜欢皱着眉头。 这类型的孩子说话的时候，总是喜欢用淡淡的语调来表现深度，甚至可能把一件原本很简单的事情，故意兜兜转转地讲得很复杂。 他们讲话的时候，还喜欢把"我想……""我认为……""我的分析是……"之类的口头语挂在嘴边，以此来反映他们所说的话都是经过大脑思考后再讲出来的。因此，这种类型的孩子常常会呈现出一种与他们年龄不相符的睿智。

◇ 思考型孩子的性格特点 ◇

爸爸，为什么白天出太阳，而到了晚上却是月亮？

我不要漫画书，我要这本《宇宙探秘》。

思考型孩子沉静，独立，喜爱阅读，乐于思考，不善于表达内心的感受，总是将自己抽离于外部世界。

性格枷锁：行动迟缓，习惯一个人解决问题

　　思考型孩子希望自己能够成为既有知识又能干的人，他们最害怕的就是因为自己的无知显得自己无助和无能。为了让自己充满知识的能量，他们具有很强的求知欲望，而且在追寻知识的过程中，表现得非常独立，不喜欢被别人干涉。

　　对于周围不了解的事物，他们会主动去收集资料，然后把所有材料集中在一起去做进一步的分析和了解。在他们的眼里，不了解的事会令他们感到十分不安，所以拥有思考型人格的人终生的奋斗目标就是获取更多的知识，让自己对每件事都了如指掌，也让自己在面对任何问题的时候都知道如何去应对。

　　但是，思考型的孩子也有一个缺点，那就是行动缓慢。他们拥有超强的好奇心，对未知知识有着强烈的兴趣，而且很想成为某个领域的专家，因此他们会投入相当惊人的精力和时间去研究学习。但是，他们是"思想的巨人，行动的矮子"，由于总是担心自己的计划做得还不够好，所以他们即使已经有了个非常漂亮完美的计划，也往往因为自己还停留在搜集资料准备的阶段或还在不断修正自己的作品而迟迟不愿意

发表成果。 他们会进一步去寻找更多的资料来检测现有的资料，经过一番缜密的求证之后才会采取行动。 所以思考型孩子做事总是慢吞吞的。 虽然做事的结果大多时候会令人十分满意，但是他们有时候也会因为过于小心翼翼而错过一些发展的大好机会。

由于思考型孩子通常比较沉静、独立而且不善交际，所以他们对自我独立的空间有着很高的诉求，这是他们的性格使然。 思考型孩子的家长应该尊重孩子的这种天性，给予他们足够的空间去思考和处理自己的问题，尊重他们的决定，不要强行为他们做主，让他们独立自由地去发展，不要对他们的发展方向做出过多的干涉。 对于思考型孩子来说，要做什么，要学习什么，他们自己很清楚。

此外，思考型孩子相对于其他的同龄孩子来说具有更强的专注力和认真的作风，而且他们的兴趣也比同龄的孩子多得多，而且五花八门，涉及各个方面。 这的确是好事，但是如果希望思考型孩子能够把一个兴趣作为个人特长长期地学习和研究下去，家长就要想办法让孩子保持对这件事的浓厚兴趣和强烈的好奇心。 不过值得家长注意的是，由于思考型孩子倾向于独自行动，所以家长最好不要直接去干涉孩子的兴趣活动，只需要及时提供给他们必要的帮助，让他们的尝试活动能顺利进行下去就可以了。

另外，由于思考型的孩子总是疑虑重重，对自己的计划或者即将采取的行动不自信，所以父母应该在加强孩子的自信心方面多多关注。 虽然思考型孩子总是显露出一副不需要有人从旁支持协助的样子，但是在大多数思考型孩子的心里还是很希望能有人不断鼓励他们，给他们自信的。 不过，由于思考型孩子的一贯作风，他们的这种心情一般是很难直接说出来的，所以思考型孩子的家长应该在平时多注意孩子的行为表现，因为很多心理活动是可以通过外在的身体语言和情绪变化表现出来的。家长通过一段时间的观察和适当的沟通，找到孩子在需要支持时会出现的动作或情绪上的变化，就可以有针对性地针对某件事去鼓励他，提升他的自信心。

思考型孩子通常性格内向，不会主动与他人接触，这种习惯性的独自解决问题的性格会让他们在未来的发展中受到限制。要解除孩子的这种心理性格枷锁，家长就要多多向孩子灌输这样一种认识——世上的无形资源是取之不尽、用之不竭的，如果你能回归到人群中用心生活并多多与他人接触，就能给自己带来更多的无形资产。

如果能够让孩子变得勇于采取行动而且善于与他人交流，那么，思考型孩子会拥有睿智的头脑和坦然的心态，能够轻松地面对自己的未来。

开锁密码："你的意见对妈妈非常重要"

　　宁宁是一个典型的思考型男孩。他很小的时候就不会向任何人过多地解释什么，哪怕是自己受了委屈，他也不愿意去解释。宁宁在幼儿园也是常常独来独往，不愿意参与集体活动，大部分时间都是一个人研究他感兴趣的东西，很多小朋友都在背地里叫他"小老头"。

　　思考型孩子总是以观察者的姿态与群体保持一定距离，自己却经常产生被孤立的感觉和疏离感。他们外表看起来很淡定，但是内心往往隐藏着恐惧，总是处于防备状态。因为思考型孩子有这种特点，所以很多思考型孩子的家长都曾经担心过孩子是不是患上了某种社交障碍，但实际上绝大多数的思考型孩子虽然在外人面前很害羞，但是在自己的世界里还是很快乐的，他们会对诸如阅读、演奏乐器、做小型生物实验等心智活动或可以发挥想象力的事物特别感兴趣，能自己一个人玩得废寝忘食，所以他们的心理还是能够健康发展的，家长大可不必为此过于担忧。

　　思考型孩子对自己的独立空间非常重视，甚至希望父母也不要入侵自己的小世界，他的心目中与父母家人之间最理想的关系是——互不要求，互不干涉。他们希望父母不要对自己有什么要求，因为他也不会对父母有什么要求，并且这些孩子的确也是这么做的，他们极少向父母要求什么，大部分时间都是一个人静静地做自己的事情。

不过，不要因此以为他们对待父母是一种疏离的态度，他们也常常会思考自己能为家人做些什么。不过当他们经过一番观察后，会觉得自己根本没有给家人帮忙的空间，这时候他们就会产生在家里找不到自己位置的不安全感，于是只能退回到自己的内心世界，不与家人发生过多的关系，然后努力培养一种不常见的技能，期望以后能有机会为家人做些事情，令家人刮目相看。

对待思考型孩子，父母的态度一定要亲切平和，不要表现出过分的亲密，因为他们喜欢与他人保持距离。如果要让孩子做某件事时，一定要采取请求的语气，用生硬的命令语气会引起孩子的反感。再有，当孩子肯表达出他们想法的时候，家长一定要认真地倾听，最好是能就某件他感兴趣的事和他共同研究，这可以让他产生知己般的亲切感，从而慢慢地放下心中的防备。而且，当孩子表达出自己的意见的时候，父母要及时地对孩子说："谢谢你的意见，你的意见对我们来说非常重要，以后你要多说说你的想法。"父母千万不要对孩子说："你不能提出这样无理的请求。"因为思考型孩子本身就是很少提出要求的，而一旦突破自己的勇气，却得到这样的回答，思考型孩子就会把自己深深地锁在内心的世界里，不肯再出来了。

很多思考型孩子在家里都有过紧张的感觉，他们有时候会把父母的关心变成压力，压得自己透不过气来。 因此，一个轻松愉快、自由民主的家庭环境对于思考型孩子的健康成长是必需的。 作为思考型孩子的父母，一定要尽力去营造这样的家庭氛围，让孩子有一个自由的空间去放松他的身心，让他能够以轻松愉快的心情去面对新的生活。

培养技巧：给孩子思考的空间

诺诺从小就喜欢自娱自乐，看书的时候更是全神贯注。如果有人在他身边让他别玩了，他总是很不耐烦，皱着眉头，一脸气愤的样子。他思维能力强，总是对一些奇奇怪怪的事情感兴趣，最近就迷上了宇宙和不明飞行物。他平时一言不发，但是一旦提到他喜欢的话题，他总是两眼放光，说起来滔滔不绝。

思考型孩子给人的印象就是冷漠和被动，他们能够对外部世界长时间保持不干涉、不参与、不涉及的状态。他们不会觉得不妥，反而很享受这种一个人独自思考、独自工作的状态。他们能够把自己完全投入到内心世界里去思考，但是几乎不会与别人讨论。他们热衷思考，性格冷静，很少出现思想混乱、情绪激动的状况。

另外，思考型孩子对于知识的探索和需求是永远得不到满足的，当别的孩子在玩游戏或者做其他休闲活动时，他们一定是坐在自己的书桌前如饥似渴地看书，皱着眉头研究自己感兴趣的东西。在他们心里，做出一番成就和实现自我价值的唯一途径就是通过知识成为某个方面的专家。

因为思考型的孩子非常看重自己的私生活，喜欢独处和沉浸在自己的小世界里面研究问题，不喜欢受到他人的干扰，所以父母应该理解孩子，给他们独处的时间和空间，让他们能够安心地思考问题。 同时思考型孩子神经敏感，讨厌噪音，所以家长也要尽可能给孩子创造一个安静的环境。 房间的装饰最好也不要采用大面积的能给人带来强烈刺激的色彩，也不要用色太多，要尽量使用一些让人冷静的淡雅色彩。

无论做任何事情，思考型孩子都喜欢在大脑中进行一番严密的思考，这可以从他们的口头用语中表现出来。 所以，父母永远不要催促孩子做决定，而是要给他们足够宽松的时间和独处的空间，让他们进行思考和衡量后再引导他们说出自己的想法。 同时要注意的是，即使他们的想法有缺陷或者还不够完善，也要在肯定的前提下再进行下一步引导，而不能直接否定孩子的想法，并且把自己的想法强加给他。 思考型孩子容易形成心理负担，在大多数时候不愿意说出自己的想法，因为他们害怕遭到批评，所以父母要鼓励孩子说出自己的想法，在鼓励他们的时候，首先要卸下他们的心理负担，可以这样对孩子说："在什么情况下我们都理解你。"这样会让孩子更容易接受父母的帮助。

思考型的孩子大多数不能及时采取行动，并且不喜欢直接参加实践活动，父母应该通过旅行或者野营带着孩子去了解书本上的知识和直接体验是有区别的，有些事情不去体验就永远无法得知其中的奥秘，让他们充分理解参加活动或者采取行动对于自己的知识积累是大有裨益的。 比如当孩子对海洋感兴趣的时候，可以带孩子到海边去感受一下海水和沙滩；当孩子对树木感兴趣的时候，可以带他到植物园去触摸真正的植物，让他对自己的知识又有了拓展而感到高兴。

此外，父母要引导孩子在准备好的时候及时行动。可以帮助孩子成立一个兴趣小组，这不仅可以帮助孩子提高人际交往能力，而且可以在小范围的活动中逐渐提高孩子行动的能力。比如当小组需要他发言的时候，他可以在自己信任的人面前毫无顾忌地说出自己的观点。而当孩子能够及时行动的时候，父母一定要给予孩子鼓励和赞美。

高情商家教思维

1. 观察一下，你的孩子属于理智冷静的"思考型"孩子吗？

   _____

   _____

2. 当孩子喜欢研究一些冷门的专业知识时，你会鼓励孩子吗？

   _____

   _____

   _____

3. 孩子内向，不爱主动与他人接触，你会帮助孩子更多地参与群体活动吗？

   _____

   _____

   _____

4. 当想让孩子做某事时，你习惯采取命令式还是商量式的方法？

   _____

   _____

   _____

5. 当孩子喜欢独处时，你是否愿意给他一个相对私密的空间？

   _____

   _____

第十章

"焦虑多疑的小曹操"
——怀疑型孩子

人格特点：注意力集中，责任感强

　　小威有着同龄孩子少有的踏实稳重。无论是家长还是老师，都会很放心地把事情交给他来完成。只要能够给小威明确的交代，他就能出色完成任务，因此他是深受他人信任的。但是小威最害怕的是被人赋予"决定权"，他很害怕由于自己的决定失误而导致任务失败。在家长和老师的眼里，小威是个可以信赖的好孩子和好学生，但是却独独缺少了些担当的魄力。很明显的一点是，每次班里竞选班干部，他都会躲得远远的，即使老师和同学都很看好他，他也绝不会参加。

　　小威是个典型的怀疑型孩子——待人主动忠诚，做事小心谨慎，为别人做事拼尽全力，特别顺从父母，有些孩子也会表现出很强烈的反抗性，他们不喜欢引人注意，不喜欢变换环境，性格忧虑多疑，充满矛盾，缺乏安全感。

　　怀疑型孩子也被称为"忠诚型孩子"，忠诚是他们最大的优点。他们为人真诚，以身作则，做事善始善终，很注重承诺，有责任感，一旦答应了别人，给了别人承诺，他们就是不吃不喝不睡也会完成，因此绝对是一个值得信任的好帮手。

怀疑型孩子的团体意识很强，一旦在集体中获得别人的信任和依赖，他们就会恪尽职守，认真履行自己的职责，毫无保留地为团队贡献自己的力量，所以这类型的孩子在学校里是很受老师和同学欢迎的。

怀疑型孩子很讲义气，对待自己人忠心耿耿，在对方遇到危险时总是能够在所不辞地出手相助。如果能够有朋友或者团队支援怀疑型孩子，他们就会很自信，既信赖别人，也信赖自己，此时的他可以最大限度地展示出他的优势和潜能。

怀疑型孩子是不愿意在团队中担任领导角色的，他们只喜欢跟随那些能给他们明确行动指示的人，因为只有这样才能让他们感到安全。所以，怀疑型孩子对于团队的忠诚是建立在安全感的基础之上的，一旦失去了这份安全感，或者认为自己没有得到信任，那么怀疑型孩子就会以最快的速度转变成团队特立独行的人，要么明确反抗，要么对团队成员退避三舍，独来独往。

怀疑型孩子的工作能力是很出色的。当他们处于制度明确、组织架构清晰的工作环境或是面对一系列非常明确的命令时，他们会完成得非常出色，加上被赋予的义务和责任使他们内心的疑虑顿消，他们会充满力量，踏实作战、勇往直前，浑身散发着迷人的光辉。不过，怀疑型孩子如果不是生活在团队中，他们靠一己之力是没有办法生存的，他们最害怕的就是得不到别人的支持和引导，所以他们即使工作再出色，也不愿意在团队中担任领导或是做某项决定。

怀疑型孩子希望自己总是处于可以预料和控制的状态之下，但是这种安全第一的想法往往让他们过于小心谨慎，有时候甚至会显得木讷，不够灵活，缺乏自信。 不过这种小心翼翼的性格在团队生活中也有好处，这会让他们行事充满计划性，善于发现和防范别人发现不了的陷阱，同时也能够帮助团队中的其他人走上正轨。

性格枷锁：缺乏安全感，爱猜疑

　　小曼是个眼泪很多的胆小鬼。爸爸每次去上班，她都哭哭啼啼，不舍得和爸爸分开。而且她还有杞人忧天的毛病。有一次在电视上看见了一个火灾的画面，从此她就陷入了恐慌之中。每天晚上都会担心家里着火，经常睡着睡着就惊醒，然后把妈妈摇醒，让妈妈去检查有没有关煤气，有没有拔下电源插头……小曼的脾气也很怪，可能前一秒还玩得好好的，下一秒就会突然发脾气。

　　怀疑型孩子的洞察力很强，这也正是他们的潜能所在。他们能够轻易感受到身边的人哪个心里高兴却装得很平静，哪个内心悲伤却面带微笑，这甚至会让大人们感到惊讶，奇怪为什么身边的人和事都逃不过孩子的眼睛。

　　其实这与怀疑型孩子的思维模式有关，他们天生就充满了警觉性，认为这个世界充满了威胁和危机，所有的事物都难以预测和肯定，人与人之间也很难建立起真正的信任，如果轻易相信别人的话就只会让自己的处境更不安全。所以他们总是在仔细辨认着周围的情况哪些是有利的，哪些是不利的，这样他们就可以在潜在的威胁和问题变得一发不可收拾之前做出适当的预防措施。

怀疑型孩子对安全感的渴望促使他们对可能的危害和威胁具有一种先天的直觉，一眼就能看出环境中可能存在的问题，并立即采取措施趋利避害以确保周围每个人的安全，这无论是对他们本身还是对他们周围的人，都是有极大帮助的。

怀疑型孩子对潜在的危险和问题的想象力十分丰富，总是不自觉地放大危险性，所以做事经常犹豫不决，对事情过于认真。 他们总是想得太多又没有决定的魄力，所以在采取行动前总是充满困扰。 如果你仔细观察过怀疑型孩子，就会很容易发现他们从很小的时候就喜欢说"慢""等等""让我想想"等词语，而且跟别人说话的时候声音总是颤抖的，不敢直视对方的眼睛。

怀疑型的孩子在遇到困难的时候通常会出现两种选择，一种是逃得远远的，另一种就是闭着眼睛跳进火坑，一面瑟瑟发抖一面继续作战。 如果选择逃避，他们就会表现出顺从的样子，以避免他们心中认定的某些伤害；如果选择面对，那么他们就会勇往直前，用带些冲动的行动去掩盖自己的不安情绪。无论哪种反应，怀疑型孩子从心底都是不会相信他人的。

怀疑型孩子从小就对世界怀有一种悲观的看法，觉得世界上有很多坏人和不可预测的事，所以自己必须特别小心，极力顺从，这样才能防止自己受到伤害。 他们总是告诉自己不要轻易被事物的表象迷惑，必须要深入探索真实的情况。 这种观念使得怀疑型孩子长期怀有一种恐惧和疑惑的心理，很难去相信别人，做事畏首畏尾，与任何人都保持着一定的距离。

可以说，他们最大的枷锁就是生活在一种矛盾的情绪中，他们一方面很希望得到大家的喜爱和认同，另一方面又止不住地想要抵抗和质疑别人，所以怀疑型孩子有时候会非常乖巧听话，有时候又会公开反抗别人，给人一种捉摸不透的感觉。

要解开这类孩子的心理枷锁，家长面临的首要任务就是必须让孩子知道，人与人之间是值得互相信赖和依靠的。

开锁密码："无论什么时候，我都会保护你"

假如你是怀疑型孩子的父母，要让怀疑型孩子去办一件事，刚开始的时候你会很细心地指导他，直到他把这件事出色地完成；等你确定你不给他指导，他也可以轻车熟路地完成这件事的时候，你自然就不会再像开始时那样仔细地去指导他，而是会放手让他独立去做。但是怀疑型的孩子内心却不是这样想的，他甚至可能会因此产生恐慌，心中充满被抛弃的悲凉情绪：爸爸妈妈是不是不管我了？他们是不是不在乎我、不爱我了？

怀疑型孩子天生就被一种焦虑和不安全感所笼罩。在他们童年的时候，他们最重视的就是自己的父母，很害怕受到父母的冷落，得不到父母的支持。所以怀疑型孩子强大的洞察力最早就是从观察父母的态度开始的，而且他们在察言观色的过程中还养成了犹豫不决的坏毛病。

他们总是会产生一种无助感。但是这并不意味着怀疑型孩子的父母没有给孩子足够的关爱，因为即使是很爱自己孩子的父母，也可能会让孩子在一瞬间产生得不到信任和支持的失落感，但是孩子的人格类型有一部分是天生的，并不是所有的孩子都因此对父母产生怀疑，但是怀疑型的孩子就会因此觉得自己是被孤立的小孩，并且时时刻刻都充满着焦虑。 随着年龄的增长，他们又从焦虑中发展出了怀疑的特质。 所以，他们对父母的感情是矛盾的——一方面为了得到认同而想要服从，另一方面又因为未能获得信任而蓄意反抗。 面对外界的问题，他们常常"心有余而力不足"。 他们害怕被人抛弃，怕没人支援。 由于心灵深处的这种恐惧，他们不知道面对一些可以信赖的人的时候究竟是该依赖还是该独立，所以总是给人若即若离的感觉。

怀疑型孩子的想象力过于丰富，而且所想象的内容几乎总是悲观的，这就导致了他们多疑的世界观。 他们总是习惯于去想象最糟糕的情况，而很少去考虑最好的情况。 他们会不自觉地去寻找环境中对他们有威胁的线索，而把那种对最好情况的想象视为一种天真的幻想。 怀疑型孩子很渴望安定，看重安全，他们的内心时刻对预测不到的未来有一份深深的焦虑和恐惧。 为了安抚这种不安的情绪，怀疑型孩子发展出了两种不同的行为模式——保守沉默和冲动莽撞。 在九种人格特性中，其他的人格都只有一个性格，但是怀疑型孩子有两种，一种是对抗性怀疑型，另一种是逃避性怀疑型。 而且一般情况下，怀疑型孩子在人前和人后的表现是不一样的，如在家是逃避型，在外边通常是对抗型；反之亦然。 也就是说，几乎所有的怀疑型孩子都存在两种性格，只是所占的比重不同。

对抗性怀疑型的孩子会主动寻找危险，并显出强烈的进攻性，而逃避型的孩子则选择敏感地逃跑，以此来回避这种恐惧。 但是他们的心理是相同的，那就是失败带来的恐惧感要比成功的期望大得多。 所以他们在计划一件事的时候，总是会想到"出错了怎么办"，并因此迟迟不敢行动。 这严重阻碍了他们的行动和发展的脚步。

为了培养他们的行动力，父母可以试试这样的方法。 如果家里有件事情需要有人做决定，可以试着问问孩子"你认为该怎么办"，其实大多数的怀疑型孩子都能很有条理地说出他的想法，因为他早就在心里清清楚楚地想好了要怎么做。 这时候父母要趁势鼓励他说："你说得很好，就这么做吧，出什么问题都没关系，还有爸爸妈妈呢！"听到这样的话，他就会立刻高高兴兴地动手去做了。

其实为了解开怀疑型孩子的心理枷锁，就一定要保证孩子有个安全的心理环境，父母最应该扮演的角色是他们的保护者和引导者，应该无条件地为孩子提供心灵深处的支持和抚慰，引导他们凡事都要向积极的方面看。 当他们产生焦虑不安的情绪时要宽容并表示理解，而且要给予适度的安慰。 总之，父母一定要让孩子相信自己是安全的，无论在什么时候，父母都会保护他，不会扔下他一个人。

培养技巧：让孩子保持冷静，学会相信他人

怀疑型的孩子总是缺乏安全感，所以他们总是渴望得到强有力的保护，因此他们常常遵从周围大多数人的意见，总是努力和其他人友好相处以确保自身的安全，希望以此来得到别人的信任，得到别人的保护。对于他们来说，家人和朋友是十分珍贵的，他们喜欢和自己信任的人在一起，共同面对"竞争对手"。

不过又因为他们对周围的一切总是抱着一个怀疑的态度，所以常常会在心里质疑他所看到的或者听到的事情。如果他们一旦发现保护者的言行自己无法理解，他们马上就会出现排斥和反抗。

对抗性怀疑型的孩子固执、叛逆，喜欢对别人冷嘲热讽，总是对比自己强大的人抱有敌意，时常对他们的权威提出疑问和反抗。这样的孩子其实是想用自己的积极进攻改变自己的被动地位，同样也是为了摆脱恐惧感，获得安全感。

而逃避性怀疑型的孩子并不是一味逃避没有其他的想法，当看到别人违反纪律的时候，他们的内心就会产生怀疑："为什么只有我遵守这些规矩呢？"如果这种想法没有得到及时疏

解，那么他们随后会出现两种情况，一种是内心不安，继续逃避；另外一种就是产生颠覆一切的冲动，所作所为让人大跌眼镜。那些平时看起来很温和的怀疑型孩子，当压抑许久的愤怒爆发时，往往会让所有人害怕。

有时保守沉默，有时又冲动莽撞，并且这两种行为方式会突然发生转换，总是让人感觉很紧张，你永远不知道这些怀疑型的孩子下一步到底想要怎么样。所以父母要帮助孩子学会冷静，学会客观地分析事情。

要想让孩子保持冷静，最重要的就是要让孩子感觉到无所不在的安全感，只有这样他才能情绪稳定，不会过度顺从或者过度反抗。父母要给孩子创造一个充满安全感、氛围舒心的家。这类型的孩子总是提心吊胆地生活，他们害怕自己吃的饭不是绿色健康的，担心自己出门的时候会遇到抢劫，害怕会发生地震。所以父母要时刻关注孩子的心理状况，一旦孩子出现惶恐不安的表情，一定要温柔耐心地询问孩子出现了什么情况，然后抱抱他，告诉他不管什么情况下爸爸妈妈都会保护他，不会抛下他，让他的心情恢复平静。

怀疑型的孩子精力充沛，但是总是会把精力放在担心未来的事情上，所以父母不要让他无所事事，要给他安排一些有趣的事情做，用这些事情来转移他的注意力。

此外，怀疑型孩子似乎总是和每个人之间都保持着距离，他们和家长并不是特别的亲密；如果仔细观察他们的交往情况，你也会发现虽然他们看起来有很多的朋友，并且也表现出一副融入其中的样子，但是实际上并没有几个能够真的让他们放开戒备完全展现自己的人。

怀疑型孩子的家长要告诉他们："事实上你对别人的不满

只是表明了你对别人的态度，别人对你可能不是这样看的，事实上，并不会有人想要刻意伤害你。在你的生活中肯定有那么几个人，他们总是无微不至地关心你而且值得信任，你可以随时找到他们诉说自己的痛苦，寻求心理安慰。"要时时刻刻向孩子传达这样的观念，如果依然没有发现孩子身边有他信任的朋友，就要鼓励他主动去与人交往。另外家长还要给孩子打好被人拒绝的预防针，让孩子在心里明白即使被人拒绝也是很正常的，这并不值得焦虑和恐惧。

虽然怀疑型孩子不太容易与人建立亲密关系，但是他们一旦认定了一些朋友，绝对会是一个忠诚可靠的好伙伴。怀疑型孩子看似很淡漠，不会总是对别人甜言蜜语、嘘寒问暖，但是只要别人有需要，他们绝对是第一个伸出援手的，所以他们更有可能收获长久的友谊。因此怀疑型孩子的家长只需引导孩子学会敞开心扉交朋友，而不必担心孩子没有知己，因为这类孩子的关系网通常是属于不烦琐但很坚实的那一类，也就是说，虽然他们跟人的关系很难建立，不过建立之后通常会比较稳定且持久。

高情商家教思维

1. 观察一下，你的孩子属于缺乏安全感的"怀疑型"孩子吗？

   _____

   _____

2. 孩子胆小、疑心重时，你会指责他吗？

   _____

   _____

   _____

3. 当孩子表现出焦虑不安时，你会用哪些方式来给他安
   全感？

   _____

   _____

4. 孩子如果行动迟缓，你会如何提高他的行动力？

   _____

   _____

5. 在日常生活中，你会创造条件来帮助孩子主动去交朋
   友吗？

   _____

   _____

   _____

第十一章

"活泼外向的开心果"
——活跃型孩子

人格特点：喜欢探索，动作夸张

淘淘就和他的名字一样是个小淘气包，从小就特别好动，一刻都不得安宁，整天像个小猴子一样上蹿下跳。淘淘也是家里人的"开心果"，他个性开朗，总是高高兴兴的，当爸爸妈妈工作劳累一天回到家，他就嘻嘻哈哈地想尽办法逗他们开心，每次也都能把爸爸妈妈逗得哈哈大笑。而且有时候因为他的淘气，父母会狠狠地批评他，当时他会看起来满脸不高兴，不过用不了多久，他的脸上就会重新绽放笑容，把刚才的事情抛到九霄云外，所以父母批评他的时候也不会有什么心理负担。

淘淘是典型的活跃型人格——性格外向，精力充沛，乐观开朗，过度活泼好动，想法多样而且有时候不切实际，逃避责任和压力，很少有负面情绪，贪图享受，追求充满刺激的生活，喜欢冒险。

在九种人格类型里面，活跃型孩子是最外向最活泼的一个，这个类型的男孩就像个小猴子一样整天上蹿下跳无法安静，这个类型的女孩也是大大咧咧、敢作敢为。

活跃型孩子精力旺盛，总是东奔西跑的，很难在一个地方安静地待一会儿。 他们的动作总是很大，如果让他们坐着，他们一定不会端端正正地坐在那里，而是会不断地扭动身体，一副坐立难安的样子。 他们说话时身体动作和手势都很大，表情也会很夸张，要么不笑，要么笑起来一定是咧开大嘴痛痛快快地笑个够，在他们的脸上很少会出现含蓄的微笑。 他们还喜欢用不屑的眼光瞪着周围的人，不过并不是因为生气，只是因为他们觉得这样很好玩。 活跃型的孩子总是有点"口无遮拦"的倾向，说话喜欢一针见血，大有语不惊人死不休之势。 这种性格有时会让身边的人开心不已，但是有时候也会因为场合的问题使人陷入尴尬。

活跃型的孩子似乎永远不知道什么是累，他们总是有做不完的事情把自己的一天塞得满满的，每天晚上回到家都是一副意犹未尽的样子。 即使回家的时候已经很累了，如果他们发现了什么有趣的东西，还是能马上拿出热情继续游戏。

他们很善于发现快乐，不仅让自己的生活充满乐趣，还能够全身心地投入欢乐的海洋中。 他们是天生爱玩的类型，适应能力很强，不管在什么环境下都能找到可供嬉戏的素材。他们喜欢探索，喜欢尝试新鲜事物，并且有足够的精力去营造各种刺激。

在别人眼里，他们是爽朗活泼、富有魅力的孩子，而他们自己也会有一点儿自恋倾向，总是认为自己非常优秀，而且对此深信不疑。 不过，这些孩子的快乐来得快去得也快，他们的计划永远赶不上变化，而且行事散漫，没有计划。 当他们高兴的时候，可以很快地完成一件事，但如果不在状态就会一拖再拖。

不过，最令活跃型孩子苦恼的是，这个世界充满了规范和限制，这让他们感到被束缚。 所以他们才会通过追寻自由和快乐以逃避痛苦、脱离规范。 他们最理想的生活是多姿多彩、充满无限可能的，所以他们不屑于外界的限制，总是表现出一副爱谁谁的姿态，口头禅也常常是"管他呢""先……再说"这一类表示不屑的话。

◇ 活跃型孩子的性格特点 ◇

我在玩儿宇宙大战的游戏。

宣宣，你在干什么?

活跃型孩子是最外向最活泼的一个，这个类型的男孩就像个小猴子一样整天上蹿下跳，这个类型的女孩也是大大咧咧、敢作敢为。

什么事这么高兴?

这些蚂蚁太好玩儿了。

怀疑型孩子很善于发现快乐，不仅让自己的生活充满乐趣，还能够全身心地投入欢乐的海洋中。

性格枷锁：专注力差，害怕挫折

活跃型孩子固有的思维模式使他们认定每个人都应该努力破除各种障碍，致力去寻找美好欢乐的体验，同时避开所有不美好的感觉。因此，他们最害怕的就是失去快乐，只有在快乐的环境下，他们才能摆脱内心的恐惧感到安全。他们心中永远充斥着"我要想办法让自己快乐起来"的欲望，正是因为如此，当活跃型孩子面临痛苦、麻烦时，他们也会选择以玩乐的方式来麻痹自己，逃避这些负面却真实存在的问题。这种想要逃避的心理，正是活跃型孩子性格中的最大枷锁。

只想要快乐的经验而不想遇到挫折感受痛苦，实际上这也是在给自己设限。要解开活跃型孩子的心结，最关键的是要帮助孩子认清现实并勇敢面对生活的喜怒哀乐，让他们学会承受，培养他们勇于担当的品质。

家长鼓励孩子勇敢行事是正确的，但是由于活跃型孩子不喜欢生活中的条条框框，所以如果家长不分情况地去鼓励活跃型孩子勇敢地去做事，那么活跃型孩子极有可能会犯下一些严重的错误，让家长后悔不迭。所以面对活跃型孩子，家长最好还是在理智地限制他的某些行为的基础上再去鼓励他，另外还要教会他为自己的行为承担起相应的责任，不要让他过于无拘无束，否则只会让他更变本加厉地逃避。

另外，活跃型孩子还有一个很大的性格缺陷，那就是他们活跃的性格让他们的热情和兴趣来得快去得也快。在准备一项计划的时候，他们通常会充满热情，但是过了最初的计划阶段，开始进入实施阶段后就会丧失最初的热情，并且兴趣会慢慢发生转移。

对活跃型的孩子来说，最难做到的就是"坚持"两个字，他们的兴趣的确很广泛，而且头脑灵活，善于运用大量的设想和理论来代替枯燥而艰苦的工作，但是如果不能坚持把想法和计划完成，那么所有的计划都只能被称为空想。所以活跃型孩子的这种专注力差的特性，使他们很可能会错过某种特长潜能的发展，最终与成功擦肩而过。

活跃型孩子不喜欢接受规范的教条限制，喜欢我行我素，他们总认为"只要我喜欢，没有什么是不可以的"，所以他们行动有点散漫。他们很害怕沉闷束缚，所以在做事的时候很少会列出一份详尽的计划，更多的时候是随性而为，想做就去做。

活跃型孩子不论担任什么角色，一旦丧失了兴趣就想溜之大吉。他们从来不会怀疑自己的能力，在事情做到一半的时候，他们可能会想："做到这个程度就差不多了。"然后就会放弃去寻找新的刺激。这种散漫的个性，其实是很不利于活跃型孩子在某些方面的长足发展的。有的时候，他们还可能会被自己的这种散漫个性连累，给人留下不好的印象，白白浪费很多大好时机。

活跃型孩子的生活目的似乎就是不惜一切代价寻找快乐，

他们需要源源不断的新鲜刺激点燃生活的激情，激起自己的生活兴趣，所以有些时候他们会为了获取快乐而冲动行事。 这种冲动在与人交往的过程中表现得很明显，他们总是喜欢根据自己的心情和兴趣转移话题，很少去倾听别人的需求，照顾别人的感受，所以这种冲动性格也会给他们的人生发展带来一定的阻碍。

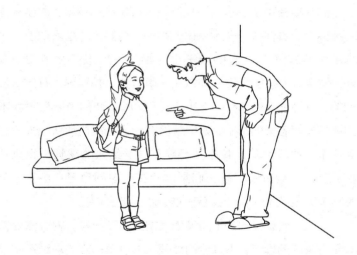

开锁密码：“遇到困难，我们一起面对”

　　活跃型孩子从很小的时候就很喜欢挑战和冒险，即使是面对那些会令其他孩子非常恐惧的事情，他们也总是表现出一副满不在乎的样子。 有的孩子小时候很害怕虫子之类的小东西，但活跃型孩子会把它们抓在手里研究，并显出"有什么好怕的？ 它们很好玩啊！"的样子。 父母从他们身上根本找不到任何焦虑恐惧的影子，好像就没有什么是能让活跃型孩子感到这是一件很困难的事情。 活跃型孩子给人的感觉一直是轻松、阳光、快乐的。 家长们常常会在心里问自己：是不是这类孩子天生就不懂得什么是困难、什么是害怕呢？

　　其实，活跃型的孩子和其他类型的孩子一样，内心深处都潜藏着深深的恐惧，不过他们处理这种恐惧的方式却跟别的孩子不一样，比如怀疑型孩子在面对困难的时候总是时刻充满了忧虑，表现出一副谨小慎微、惴惴不安的样子，而活跃型孩子则是大而化之、满不在乎的样子，他们习惯用一种寻找快乐的方式来掩盖或者逃避内心的恐惧。 如果家长认为活跃型孩子天生胆大不知道什么是困难的话，那真的是误解他了，其实他们在某些时候也是个"胆小鬼"，害怕面对困难，而且他们的行为越夸张的时候，很可能正是他们越觉得害怕的时候。

　　除了故作轻松地面对恐惧之外，活跃型孩子由于兴趣广泛，做事情时常常会出现虎头蛇尾的情况，因为一旦在完成这件事情的过程中遇到困难，这种类型的孩子就会觉得这件事没有乐趣，马上就会丧失对它的热情，转而去寻找下一个有趣的事情。所以，活跃型孩子表面上看起来似乎总是不会遇到困难，但实际上是他们一遇到困难就逃跑了，这种承受不了挫折的个性其实对活跃型孩子的发展是很不利的。

　　那么活跃型孩子的父母要怎样帮助孩子摆脱这种个性呢？首先来了解一些父母在这种类型的孩子眼里是什么样子的。活跃型孩子认为自己人生最大的挫折就是来自外界的条条框框，而父母是最早给他设置这些规矩和要求的人。在他们眼里，父母虽然能够给自己足够的照料和关爱，但是他们总觉得父母存在一定的问题，感到父母并不是可靠的持续的养育之源。

　　因此他们在面对父母的时候，常常会产生一种受挫感，他们不认为自己可以依靠父母来获得自己需要的东西。

　　为了帮助孩子形成面对困难不退缩的性格，父母应该经常跟孩子说："不管在什么情况下，我们都会照顾你的。有了困难和挫折，不要害怕，爸爸妈妈会帮助你渡过难关。"千万不要对孩子说："依赖别人是弱者的表现。"因为这种类型的孩子本来就不喜欢请求别人的帮助，如果父母总是用这种说法强化他的心理，那么他与父母的关系肯定会越来越差。

　　父母首先要帮助孩子延长专注于某一件事情的时间。当活跃型孩子对一件事情过于投入时，他们心里反而会生出负面情绪，这种专注让他们感到恐慌，所以他们会同时关注多种事物来逃避这种恐慌。 所以当父母看到孩子专注于某一件事情的时候，即使有话想对孩子说也要忍住。 还可以注意一下孩子喜欢玩的游戏，可以从游戏入手提高他们的专注力。

要培养活跃型孩子的坚持习惯，比较有效的方法是帮助他把大目标分解成一个个小目标。 每当孩子完成一个小目标时，就要和他一起庆祝，分享他达成目标后的喜悦，同时鼓励他向下一个目标前进。 孩子熟悉这种完成目标的方式之后，要引导他自己去制定每个小目标。 当孩子把这种做事方式变成习惯，他们自然而然也就能够做到坚持了。

培养技巧：学会承担才能成长

一位活跃型的成人这样回忆自己的童年：

我从小就很聪明，鬼点子特别多，还特别擅长搞恶作剧。每当看到我周围的人因为我的某些行为笑得前仰后合的时候，我总是产生一种特别的满足感和成就感。我的精力特别旺盛，有好多感兴趣的东西，而且我从很小就很会自娱自乐，流行的游戏和活动几乎没有我不会的。我觉得人生就是用来追求快乐的，活着的目的就是体验无休止的快乐。

这就是活跃型孩子的典型心理。他们总是希望过一种享乐的生活，把人间所有的不美好化为乌有。他们喜欢纵情于娱乐，喜欢物质生活，喜欢享受，喜欢探索新事物，不爱受别人管束，不喜欢遵守规矩，总是希望生活中充满了刺激、冒险和各种各样的选择。他们总是马不停蹄地出发去寻找通往快乐的捷径。

活跃型孩子的脑子里想的都是一些积极的和对未来的美好幻想，而且时常沉醉于这种快乐的气氛里。但是因为孩子的年龄很小，心智发育不成熟，所以他们的计划里总是充满了不切实际和没有可行性的计划。 不过，他们是很难通过自己的理性思考认识到这一点的。 他们永远有无数的计划，而且灵活多变，但是真正实现的却没有几个。 这种思维惯性很容易让他们陷入一种不务实的态度中去。 不过活跃型孩子的胆子其实很小，只要是经历过伤害的事情他们就绝对不会再尝试第二次。 对于痛苦和规范，他们常采取一种逃避的方式。 为了逃避痛苦，活跃型孩子总是用快乐把自己的生活填得满满的，不留一点喘息的时间，所以他们很容易陷入一种疲于奔命的怪圈。 又因为他们太执着享乐，所以轻则轻佻浮夸、没有责任心和专注力，严重时就会发展成一个贪图享乐、沉溺幻想、没有上进心的人。 而长期存在于内心的痛苦，也极有可能大量累积后突然爆发，导致某些身体疾病。

所以家长为了提升孩子的幸福感，就一定要让孩子明白人生中既有欢乐也有痛苦，我们不仅要学会享受快乐，也要学会承担痛苦。 如果想要活跃型的孩子拥有健康的身心，最重要的就是要陪在他们身边，与他们一起体验生活中各种不同的感受。 要让孩子知道，困难、痛苦和悲伤并没有想象中那么可怕，这些感受和快乐一样都是生活的一部分，而且正是有了痛苦等负面的感受，才会让快乐显得非常珍贵。 虽然所有的家长都希望自己的孩子拥有一个快乐的童年，但是对于活跃型孩子来说，让他们适当地去感受一下令人难过的场面，对他们的健康成长也是大有帮助的。

另外父母要培养孩子的责任感，告诉他们不能一遇到困难就逃跑，把失败的痛苦全都留给别人，要让孩子学会为自己的行为负责。 活跃型的孩子喜欢新鲜事物，有着很多看似完美的计划，而且他们喜欢拉上朋友一起参与。 但是一遇到困难或者自己失去了兴致，他们就会把事情扔给朋友。 父母应该时刻提醒孩子，这种没有责任感的行为会给朋友带来麻烦。

活跃型孩子的父母应该成为孩子的调控者。 当他们精神涣散、三心二意或是难以坚持的时候，要帮他们踩稳油门，帮助他们脚踏实地地坚持把一件事情完成；当他们一时兴起、冲动莽撞或者过度活跃的时候，要及时帮他们踩住刹车，控制他们的速度，避免他们横冲直撞留下隐患。

如果活跃型孩子能够得到父母很好的引导，他们会表现出生气勃勃的优点，懂得珍惜快乐和幸福，但是如果家庭没有很好地塑造孩子先天的性格，活跃型孩子就有可能成长为回避困难、不知满足、耽于享乐的人。

高情商家教思维

1. 观察一下，你的孩子属于乐观开朗的"活泼型"孩子吗？

2. 你的孩子是否有做事情注意力不集中、三心二意的表现？
   你是如何应对的？

3. 面对过于活泼的孩子，你是否会特意限制他去做某些在你
   看来会有危险的事情？

4. 喜欢挑战和冒险的孩子，你如何让他具备安全意识？

5. 当孩子面对挫折与失败时，父母应该如何进行引导？

第十二章

九型父母与九型娃：

巧适合不如会磨合

以符合孩子性格的方式表达对孩子的爱

现实生活中，我们经常可以看到父母非常疼爱孩子，但是孩子却与父母关系紧张的情况发生。很多家长也会奇怪地问："这世界上哪有不疼爱孩子的父母呢？可是孩子就是跟我不亲近。"的确，大部分父母都是爱孩子的，但是问题的关键在于你的爱有没有被孩子感受到。意大利天主教神父、慈幼会的创办人若望·鲍思高曾经说过："只有爱是不够的，一定要让孩子感受到爱才行。"

爱是需要沟通和共鸣的，只有这样，爱才会像春风一样温暖孩子的心灵。那么怎样才能让孩子感受到父母的爱呢？要达到这个目的，第一步就是了解孩子的性格。只有孩子的天生性格被父母认可，孩子才能感受到父母的爱。即使父母希望孩子做出一些改变，也要首先尊重他们的性格，只有让孩子感到自己是被父母尊重的，他们才会对父母敞开心扉。

苏联教育家马卡连柯曾经说过这样一句话——尊重人、信任人是教育人的前提。其中"尊重人"所指的正是尊重人的人格。教育的核心就是让孩子始终体验到自己的尊严感。不过在现实生活中，不注重尊重孩子人格的现象屡屡发生。家长常常打着"关心孩子，为了孩子好"的旗号，将自己的意志强加在孩子的身上；还有些家长总是认为孩子"应该"怎样，然后想方设法把孩子塑造成自己理想中的模样，却从没想过孩子实际上是怎样的人。 这些行为无疑是对孩子人格的漠视。

人格是从一出生就确定的，是稳固的、独特的个性心理特征，是与生俱来的，而且本质上是不会发生改变的，这是所有研究九型人格与发展心理学的学者们公认的事实，并且他们推测这可能与遗传、胎儿时期的子宫环境、母亲在怀孕时的精神状态有关。 但是无论是何种原因，"气质是天生的"，这是不可改变的事实。 所以父母研究九型人格，不能把创造或者改变孩子的人格类型作为自己的目的，而是应该承认和尊重孩子的人格类型，接受他们的内在价值体系，协助他们根据自身的人格类型发挥独特的潜力。

也许有家长会说："既然人格类型不能改变，那么家庭教育还有什么用处呢？"其实在社会中我们很难把人简单地划分为九类，这是因为即使是同种类型的人格也有着健康状态、一般状态和不健康状态之分，并且在不同状态下人们的行为方式和性格惯性也不尽相同。 比如一个健康状态下的活跃型孩子充满活力、自信乐观，而不健康状态下的同类孩子就可能终日玩乐、脱离实际。 一个人成年后的人格类型处于哪个状态，这在很大程度上取决于他童年时期的经验以及父母的教育方式。 如果父母能够清楚孩子的性格并据此因材施教，孩子的人格就会向着健康状态良性发展；而一个生活在父母施教不当环境中的孩子，他在成长过程中会不自觉地关闭自己的情感沟通渠道，同时还会建立起各种各样防止受到侵害的防御反应。简单来说，如果父母能够根据孩子的天生性格来表达对孩子的爱，把对孩子的教育建立在尊重孩子人格的基础上，那么孩子就会按照自己的天性成长，发展出健康的人格；否则就会让孩子受到伤害，使其发展处于不健康的水平。

忽视孩子本身的性格特质，无论多么重视家庭教育、耗费多少精力，也是于事无补，甚至可能会过犹不及。所以，对孩子的教育，一定要建立在尊重孩子的天生性格的基础上。

总而言之，父母要学会观察孩子的人格类型，并且以其所属类型的最佳发展来与其相处，而不是试图去改变他们。要知道，每种性格都有自己的闪光点，如果父母一味培养孩子与天生性格不一致的特征，孩子就会无法发展个性中固有的特点，甚至会形成含混不清的性格，从而变得缺乏自信和存在感。只有充分发挥自身性格优势，孩子才能自信地面对生活。

以下是各种人格类型的健康标准：

1. 领袖型

健康状态：具有出众的领导才能，心胸宽广，能够保护别人。

一般状态：争强好胜，做事直接，有很强的控制欲。

不健康状态：行为有暴力倾向，疯狂追逐权力。

2. 和平型

健康状态：性格随和，兼收并蓄，目标明确。

一般状态：优柔寡断，常常劳心伤神，性格温和。

不健康状态：偏执，丧失人生方向，相信宿命论。

3. 完美型

健康状态：冷静沉着，理智，具有批判意识。

一般状态：完美主义者，行为谨慎。

不健康状态：行为具有破坏性，伪善，冷血。

4. 助人型

健康状态：乐于帮助别人，富有创造力。

一般状态：具有奉献精神，心中充满母爱。

不健康状态：在依赖别人的同时希望支配别人。

5. 成就型

健康状态：才能出众，值得信任，诚实。

一般状态：实用主义者，有出人头地的愿望。

不健康状态：狡诈的投机主义者。

6. 浪漫型

健康状态：富有创造力，人际关系良好。

一般状态：情趣高雅，追求美和浪漫。

不健康状态：神情恍惚，颓废，脆弱。

7. 思考型

健康状态：富有创意，精力旺盛，睿智。

一般状态：善于分析和思考，但是总是扮演着旁观者的角色。

不健康状态：被孤立的状态下会陷入虚无主义，行为古怪。

8. 怀疑型

健康状态：忠诚，勇敢，大胆。

一般状态：恪尽职守，做事小心。

不健康状态：胆小怕事，依赖别人，但是行为具有攻击性。

9. 活跃型

健康状态：多才多艺，而且能够享受内心的平静。

一般状态：好动，快乐至上，思想肤浅。

不健康状态：陷入某种癖好不能自拔，自制力差，不听劝告。

与孩子性格相同就和谐吗

　　有很多家长可能以为孩子是自己生的，必定会与自己有着相同的性格，有些则认为孩子会遗传自己的性格，还有一些家长抱着这样的态度：孩子与我朝夕相处，他最终会与我拥有同样的性格。

　　我们经常看到很多父母总是这样骄傲地描述孩子："我们家孩子真是跟我一模一样！"的确，孩子在长相、体型和才能方面有很多地方会和父母相似，这是遗传的作用，是理所应当的事情。 但是研究表明，性格不一定会遗传，孩子的固有性格只可能会受到父母性格的影响，而不会与父母的性格完全一样。

　　一些家长认为如果孩子与自己拥有一样的性格就能够更好地理解孩子的需要，亲子之间的相处就可以更融洽，这不一定正确，心理学家认为：即使父母和孩子是相同的性格，但是根据观察视角和阅历的不同，每个人的感受和认识也不相同。即使父子两个都是活跃型的人格，都具有活泼开朗、社交广泛的性格，但是由于两个人的生活经历完全不同，所以感受也不会相同。 就像同样一个行为，有人认为是死心眼、不会变通的表现；有人则认为是有毅力能坚持。 所以，父母没有必要因为自己和孩子不是相同的性格就暗自苦恼，认为自己与孩子的相处一定会出现问题。

要想让自己能够与孩子和谐相处，父母要做的第一步就是承认孩子的性格可能与自己的不同。 因为人与人之间的相处，最重要的就是要接受其他人与自己的区别。 如果不承认对方与自己的区别，强行要求别人跟自己一样，那么一定会把双方的关系弄僵，这个原则同样适用于亲子之间的相处。 从来没有人能够强迫别人改变本性，这样做的结果只能是导致关系破裂。 有些妈妈是活跃型的人格，而孩子是思考型的人格。 在妈妈的眼里，孩子这么安静，生活该是多么无趣啊！于是她经常带着孩子出去游玩，希望孩子能够变成活泼开朗的孩子，但是实际上妈妈不知道，思考型孩子觉得安静的生活才有乐趣，无休止的外出只会让他疲惫不堪。 而妈妈的活跃也会在这些活动中给孩子带来很大的压力，让他变得更加孤僻。当情况反过来，妈妈是思考型而孩子是活跃型，如果妈妈没有认识到孩子的个性并根据他的个性加以引导，那么妈妈会认为孩子是一个散漫没有礼貌的孩子，时间长了，孩子就会因为能量没有得到释放而感到郁闷。 以上两个例子都在告诉我们，当固有的人格类型没有得到认可，孩子会认为自己是不受欢迎的人，会变得缺乏自信。

作为父母，最重要的是要正确把握自己和孩子的性格，理解和接受孩子的性格，每个人都有不同的性格，没有必要一定要求孩子的性格与自己相同或者相反，只要双方能够互相理解，互相信任，相信无论什么样的性格组合都能找到合适的相处之道。

父母有脾气，九型父母的优缺点

　　前面的几节，我们详细介绍了各个类型孩子的特点和培养技巧，那么各个类型的父母都有什么优缺点呢？ 只有了解自己才能更好地扬长避短，所以下面来看一下各类型父母的独特魅力。

　　领袖型父母富有献身精神，既是孩子勇敢的卫士，也是孩子体贴的仆人，正直、诚实、开朗、自信，是孩子的楷模。不过领袖型的父母有过于严格的倾向，他们很享受那种高高在上的感觉；另一方面，他们又会对孩子过分地保护和干涉，总喜欢用自己的想法操纵孩子，习惯性地忽略孩子的意见。 如果孩子的性格不像父母一样强势，那么父母其实很难理解孩子的软弱。 领袖型父母在教育孩子的时候要注意不要用强力压制孩子，要承认自己与孩子的区别，尽量采取平易近人的方式对待他们。

　　和平型父母性格随和，能够理解孩子，让孩子感受到温暖，也能尊重孩子的天性。 在和平型父母的怀抱中成长的孩子，通常会觉得世界充满了爱和信任。 但是和平型父母也有自己的缺点，他们常常对孩子有求必应，疏于管教；而且和平型父母性格保守，所以会妨碍孩子对新事物的探索；当孩子站在人生的十字路口时，父母也很难为孩子指点迷津。 其实，和平型父母应该树立起自己的威严，有时候在孩子面前要表现出不容反抗的坚决态度；还要改正自己"事不关己，高高挂起"的态度，因为孩子的人生是你必然要参与而且要给予指导的。

完美型父母责任心强，是孩子可以信任的人；同时他们会不遗余力地为孩子创造良好的条件，能给孩子带来安定感。 不过，这种类型的父母教育方式不灵活，他们不仅对自己要求严格，对孩子的缺点也不肯放过，哪怕只是一个无关紧要的小错误。 他们喜欢按照自己的标准要求孩子，不尊重孩子的个性。完美型父母一定要学会灵活地教育孩子，对孩子多一些宽容，时刻反省自己是不是过多地干预了孩子的生活。

助人型父母不仅能够理解和支持孩子，而且在这个过程中他们自己也感到满足。 不过，助人型父母有过分保护孩子的倾向，即使孩子明确表示不需要父母的帮助，他们还是会不辞辛劳地替孩子做事。 其实这样反而会引起孩子的逆反心理。助人型父母一定要学会与孩子保持距离，这样才能让孩子形成独立的人格和个性。

成就型父母勤奋努力，热衷于教育，孩子通常能够健康成长。 不过他们具有强制教育孩子的倾向，有时候过于理性，不重视别人的感受，甚至会为了显示自己而对孩子提出苛刻的要求。 其实成就型父母应该告诉自己不要只重视名利，要放慢脚步去享受生活；还要告诉自己孩子不是实现梦想的工具，要尊重孩子的"平凡"。

浪漫型父母感情丰富，能够给孩子带来无限的欢乐。 他们尊重孩子的个性和主张，能给孩子充分的自由。不过他们有时候会给孩子过多的自由，甚至有让孩子放任自流的倾向。浪漫型父母最需要注意的问题是要学会控制情绪，因为自己情绪波动大，往往会给孩子造成很大的压力。而且这类型的父母在处理日常事务时显得很不熟练，也会让孩子觉得生活吃力。

思考型父母理性、开明，尊重孩子的兴趣，但是他们不善于表达爱意。孩子总是希望得到关爱，但父母总是一副不冷不热的样子，这会给孩子带来极大的伤害。当思考型父母思考问题时，如果孩子靠近还会显得很不耐烦。思考型父母应该学会多多向孩子表达自己的爱和关心。如果喜欢所有事情都有条理地进行，那么可以发挥自己善于计划的长处去规划一次家庭聚会或旅游，这不仅能让孩子快乐，也能让自己感到舒适。

怀疑型父母养育孩子时认真负责，尽心尽力，认为培养出一个优秀的孩子是自己的使命。不过怀疑型父母总是处于紧张中，不喜欢享乐，而且过于关注一些无谓的琐事，舍不得放手，生怕孩子受到伤害。其实怀疑型父母应该尊重孩子需要独立的心理诉求，并学会享受生活中的点点滴滴，只有这样才能为孩子创造一个轻松的、让孩子感到安全的环境。

活跃型父母总是能让家里充满欢声笑语，理解孩子的冒险心理，能够包容他们的过失。不过孩子对于活跃型父母来说似乎只是一种消遣，如果与孩子之间产生了问题，他们就有对孩子放任不管的倾向。这个类型的父母应该给孩子创造一个有规律的安定的环境，多给孩子一些时间，与他们一起努力，战胜困难，而不是遇到困难自己逃得比孩子还快。

看了上面这些分析，希望各个类型的父母在教育孩子的时候多多反省，保证孩子能够在健康的家庭氛围中快乐成长。

高情商家教思维

1. 你是否认为孩子的性格应该与父母的相同？

   _____

   _____

2. 如果你是"和平型"父母，你会在管教孩子时树立自己的权威吗？

   _____

   _____

   _____

3. 如果你是"完美型"父母，你会在管教孩子时多一些宽容吗？

   _____

   _____

4. 如果你是"成就型"父母，你会适当降低对孩子的期望值吗？

   _____

   _____

5. 如果你是"思考型"父母，你会提醒自己多向孩子表达爱和关心吗？

   _____

   _____